Citations du président
Mao Tsé-toung

Citations du président Mao Tsé-toung

Éditions du Seuil

Prolétaires de tous les pays unissez-vous!

Étudier les vœux du président Mao, suivre ses enseignements et agir selon ses directives. (*Ling Piao.*)

CHAPITRE I

Le parti communiste

Le noyau dirigeant de notre cause, c'est le Parti communiste chinois.

Le fondement théorique sur lequel se guide notre pensée, c'est le marxisme-léninisme.

> Allocution d'ouverture à la première session de la Ire Assemblée populaire nationale de la République populaire de Chine (15 septembre 1954).

Pour faire la révolution, il faut qu'il y ait un parti révolutionnaire. Sans un parti révolutionnaire, sans un parti fondé sur la théorie révolutionnaire marxiste-léninistre et le style révolutionnaire marxiste-léniniste, il est impossible de conduire la classe ouvrière et les grandes masses populaires à la victoire dans leur lutte contre l'impérialisme et ses valets.

> « Forces révolutionnaires du monde entier, unissez-vous, combattez l'agression impérialiste! » (Novembre 1948), *Œuvres choisies de Mao Tsé-toung*, tome IV.

Sans les efforts du Parti communiste chinois, sans les communistes chinois, piliers du peuple, il sera impossible à la Chine de conquérir son indépendance et d'obtenir sa libération, impossible également de réaliser son industrialisation et de moderniser son agriculture.

> « Du gouvernement de coalition » (24 avril 1945), *Œuvres choisies de Mao Tsé-toung*, tome III.

Le Parti communiste chinois constitue le noyau dirigeant du peuple chinois tout entier. Sans un tel noyau, la cause du socialisme ne saurait triompher.

> Allocution à la réception accordée aux délégués au IIIe Congrès de la Ligue de la Jeunesse de Démocratie nouvelle de Chine (25 mai 1957).

Un parti discipliné, armé de la théorie marxiste-léniniste, pratiquant l'autocritique et lié aux masses populaires; une armée dirigée par un tel parti; un front uni de toutes les classes révolutionnaires et de tous les groupements révolutionnaires placés sous la direction d'un tel parti; voilà les trois armes principales avec lesquelles nous avons vaincu l'ennemi.

> « De la dictature démocratique populaire » (30 juin 1949), *Œuvres choisies de Mao Tsé-toung*, tome IV.

Il faut avoir confiance dans les masses; il faut avoir confiance dans le Parti : ce sont là deux principes fondamentaux. Si nous avons le moindre doute à cet égard, nous serons incapables d'accomplir quoi que ce soit.

> « Sur le problème de la coopération agricole » (31 juillet 1955).

Armé de la théorie et de l'idéologie marxistes-léninistes, le Parti communiste a apporté au peuple chinois un nouveau style de travail qui comporte essentiellement l'union de la théorie et de la pratique, la liaison étroite avec les masses et l'autocritique.

> « Du gouvernement de coalition » (24 avril 1945), *Œuvres choisies de Mao Tsé-toung*, tome III.

Un parti qui dirige un grand mouvement révolutionnaire, sans théorie révolutionnaire, sans connaissances de l'histoire, sans une compréhension profonde du mouvement dans sa réalité, ne saurait remporter la victoire.

> « Le Rôle du Parti communiste chinois dans la guerre nationale » (Octobre 1938), *Œuvres choisies de Mao Tsé-toung*, tome II.

La rectification est, comme nous le disions, un « mouvement général pour l'éducation marxiste ». C'est en effet l'étude, dans tout le Parti, du marxisme au moyen de la critique et de l'auto-critique. Nous approfondirons certainement notre connaissance du marxisme au cours de ce mouvement.

> « Intervention à la Conférence nationale du Parti communiste chinois sur le Travail de Propagande » (12 mars 1957).

C'est une tâche ardue que d'assurer un niveau de vie conve-nable à des centaines de millions de Chinois, de transformer notre pays économiquement et culturellement arriéré en un pays prospère, puissant, doté d'une culture hautement développée. Et c'est pour mieux assumer cette tâche et pour mieux travailler avec tous les hommes de bonne volonté en dehors du Parti, déterminés à faire aboutir des transformations, que nous devons, à présent comme dans l'avenir, entreprendre des mouvements de rectification et corriger sans relâche ce qu'il y a d'erroné en nous.

> « Intervention à la Conférence nationale du Parti communiste chinois sur le Travail de Propagande » (12 mars 1957).

La politique est le point de départ de toute action pratique d'un parti révolutionnaire et se manifeste dans le développement et l'aboutissement des actions de ce parti. Toute action d'un parti révolutionnaire est l'application de sa politique. S'il n'applique pas une politique juste, il applique une politique erronée; s'il n'applique pas consciemment une politique, il l'applique aveuglément. Ce que nous appelons expérience, c'est le processus d'application d'une politique et son aboutissement. C'est par la pratique du peuple seulement, c'est-à-dire par l'expérience, que nous pouvons vérifier si une politique est juste ou erronée, et déterminer dans quelle mesure elle est juste ou erronée. Mais la pratique des hommes, spécialement la pratique d'un parti révolutionnaire et des masses révolutionnaires, se rattache nécessairement à une politique ou à une autre. Par conséquent, avant de mener une action, nous devons expliquer clairement aux membres du Parti et aux masses la politique que nous avons formulée à la lumière des circonstances. Sinon, les membres du Parti et les masses s'écarteront de la direction politique donnée par notre Parti, agiront à l'aveuglette et appliqueront une politique erronée.

> « A propos de la politique concernant l'industrie et le commerce » (27 février 1948), *Œuvres choisies de Mao Tsé-toung*, tome IV.

Notre Parti a défini la ligne générale et la politique générale de la révolution chinoise et arrêté diverses lignes de travail et mesures politiques particulières. Toutefois, il arrive souvent que les camarades retiennent les lignes de travail et mesures politiques particulières et oublient la ligne générale et la politique générale du Parti. Si vraiment nous les oublions, nous serons des révolutionnaires aveugles, des demi-révolutionnaires à l'esprit confus et, en appliquant une ligne de travail et des mesures politiques particulières, nous perdrons le nord, nous pencherons tantôt à gauche, tantôt à droite, et notre travail en souffrira.

> « Discours prononcé à une conférence des cadres de la région libérée du Chansi-Soueiyuan » (1er avril 1948), *Œuvres choisies de Mao Tsé-toung*, tome IV.

Politique et tactique sont la vie même du Parti; les camarades dirigeants à tous les échelons doivent leur accorder la plus grande attention et ne jamais se montrer négligents à cet égard.

« Circulaire sur la situation » (20 mars 1948),
Œuvres choisies de Mao Tsé-toung, tome IV.

CHAPITRE II

Les classes et la lutte
de classes

Lutte de classes — certaines classes sont victorieuses, d'autres sont éliminées. Cela, c'est l'histoire, l'histoire des civilisations depuis des millénaires. Interpréter l'histoire d'après ce point de vue, c'est ce qui s'appelle matérialisme historique; se placer à l'opposé de ce point de vue, c'est de l'idéalisme historique.

> « Rejetez vos illusions et préparez-vous à la lutte » (14 août 1949), *Œuvres choisies de Mao Tsé-toung*, tome IV.

Dans la société de classes, chaque homme occupe une position de classe déterminée et il n'existe aucune pensée qui ne porte une empreinte de classe.

> « De la pratique » (Juillet 1937), *Œuvres choisies de Mao Tsé-toung*, tome I.

Les changements qui interviennent dans la société proviennent surtout du développement des contradictions à l'intérieur de la société, c'est-à-dire des contradictions entre les forces productives et les rapports de production, entre les classes, entre le nouveau et l'ancien. Le développement de ces contradictions fait avancer la société, amène le remplacement de la vieille société par la nouvelle.

> « De la contradiction » (Août 1937), *Œuvres choisies de Mao Tsé-toung*, tome I.

L'impitoyable exploitation économique et la cruelle oppression politique de la part des propriétaires fonciers contraignirent la paysannerie à entreprendre un grand nombre d'insurrections contre leur domination. . . . Dans la société féodale chinoise, les luttes de classe de la paysannerie, les insurrections et les guerres paysannes ont seules été les véritables forces motrices dans le développement de l'histoire.

> « La Révolution chinoise et le Parti communiste chinois » (Décembre 1939), *Œuvres choisies de Mao Tsé-toung*, tome II.

La lutte nationale est, en dernière analyse, une lutte de classe. Aux États-Unis, seuls les milieux dirigeants réactionnaires de la race blanche oppriment les Noirs. Ils ne sauraient en aucune façon représenter les ouvriers, paysans, intellectuels révolutionnaires et personnalités éclairées qui forment l'écrasante majorité de la race blanche.

> « Déclaration pour soutenir les Noirs américains dans leur juste lutte contre la discrimination raciale pratiquée par l'impérialisme américain » (8 août 1963).

Le peuple, c'est à nous de l'organiser. C'est à nous de l'organiser pour abattre la réaction en Chine. Tout ce qui est réactionnaire est pareil : tant qu'on ne le frappe pas, impossible de le faire tomber. C'est comme lorsqu'on balaie : là où le balai ne passe pas, la poussière ne s'en va pas d'elle-même.

> « La Situation et notre politique après la victoire dans la Guerre de Résistance contre le Japon » (13 août 1945), *Œuvres choisies de Mao Tsé-toung*, tome IV.

L'ennemi ne périra pas de lui-même. Ni les réactionnaires chinois, ni les forces agressives de l'impérialisme américain en Chine ne se retireront d'eux-mêmes de la scène de l'histoire.

> « Mener la révolution jusqu'au bout » (30 décembre 1948), *Œuvres choisies de Mao Tsé-toung*, tome IV.

La révolution n'est pas un dîner de gala; elle ne se fait pas comme une œuvre littéraire, un dessin ou une broderie; elle ne peut s'accomplir avec autant d'élégance, de tranquillité et de délicatesse, ou avec autant de douceur, d'amabilité, de courtoisie, de retenue et de générosité d'âme. La révolution, c'est un soulèvement, un acte de violence par lequel une classe en renverse une autre.

> « Rapport sur l'enquête menée dans le Hounan à propos du mouvement paysan » (Mars 1927), *Œuvres choisies de Mao Tsé-toung*, tome I.

Tchiang Kaï-chek cherche toujours à arracher au peuple la moindre parcelle de pouvoir, le moindre avantage conquis. Et nous? Notre politique consiste à lui riposter du tac au tac et à nous battre pour chaque pouce de terre. Nous agissons à sa manière. Tchiang Kaï-chek cherche toujours à imposer la guerre au peuple, une épée à la main gauche, une autre à la main droite. A son exemple, nous prenons, nous aussi, des épées. ... Et comme Tchiang Kaï-chek affile maintenant ses épées, nous devons affiler les nôtres aussi.

> « La Situation et notre politique après la victoire dans la Guerre de Résistance contre le Japon » (13 août 1945), *Œuvres choisies de Mao Tsé-toung*, tome IV.

Quels sont nos ennemis et quels sont nos amis? C'est là une question d'une importance primordiale pour la révolution. Si, dans le passé, toutes les révolutions en Chine n'ont obtenu que peu de résultats, la raison essentielle en est qu'elles n'ont point réussi à unir autour d'elles leurs vrais amis pour porter des coups à leurs vrais ennemis. Le parti révolutionnaire est le guide des masses, et jamais révolution n'a pu éviter l'échec quand ce parti a orienté les masses sur une voie fausse. Pour être sûrs de ne pas les conduire sur la voie fausse et de remporter la victoire dans la révolution, nous devons absolument veiller à nous unir avec nos vrais amis pour porter des coups à nos vrais ennemis. Et pour distinguer nos vrais amis de nos vrais ennemis, nous devons entreprendre une analyse générale des conditions économiques des diverses classes de la société chinoise et de leur attitude respective envers la révolution.

> « Analyse des classes de la société chinoise »
> (Mars 1926), *Œuvres choisies de Mao Tsé-toung*, tome I.

Tous les seigneurs de guerre, les bureaucrates, les compradores et les gros propriétaires fonciers qui sont de mèche avec les impérialistes, de même que cette fraction réactionnaire des intellectuels qui en dépend, sont nos ennemis. Le prolétariat industriel est la force dirigeante de notre révolution. Nos plus proches amis sont l'ensemble du semi-prolétariat et de la petite bourgeoisie. De la moyenne bourgeoisie toujours oscillante, l'aile droite peut être notre ennemie et l'aile gauche notre amie; mais nous devons constamment prendre garde que cette dernière ne vienne désorganiser notre front.

> « Analyse des classes de la société chinoise »
> (Mars 1926), *Œuvres choisies de Mao Tsé-toung*, tome I.

Celui qui se range du côté du peuple révolutionnaire est un révolutionnaire, tandis que celui qui se range du côté de l'impérialisme, du féodalisme et du capitalisme bureaucratique est un contre-révolutionnaire. Celui qui se range en paroles seulement du côté du peuple révolutionnaire, mais agit tout autrement, est un révolutionnaire en paroles; celui-là est un parfait révolutionnaire qui se range non seulement en paroles mais en actes du côté du peuple révolutionnaire.

> Allocution de clôture à la deuxième session du 1er Comité national de la Conférence consultative politique du Peuple chinois (23 juin 1950).

En ce qui nous concerne, qu'il s'agisse d'un individu, d'un parti, d'une armée ou d'une école, j'estime que l'absence d'attaques de l'ennemi contre nous est une mauvaise chose, car elle signifie nécessairement que nous faisons cause commune avec l'ennemi. Si nous sommes attaqués par l'ennemi, c'est une bonne chose, car cela prouve que nous avons tracé une ligne de démarcation bien nette entre l'ennemi et nous. Et si celui-ci nous attaque avec violence, nous peignant sous les couleurs les plus sombres et dénigrant tout ce que nous faisons, c'est encore mieux, car cela prouve non seulement que nous avons établi une ligne de démarcation nette entre l'ennemi et nous, mais encore que nous avons remporté des succès remarquables dans notre travail.

> « Etre attaqué par l'ennemi est une bonne et non une mauvaise chose » (26 mai 1939).

Nous devons soutenir tout ce que notre ennemi combat et combattre tout ce qu'il soutient.

> « Entretien avec trois correspondants de l'Agence centrale d'Information et des journaux *Saotangpao* et *Sinminpao* » (16 septembre 1939), *Œuvres choisies de Mao Tsé-toung*, tome II.

Nous nous tenons sur les positions du prolétariat et des masses populaires. Pour les membres du Parti communiste, cela implique la nécessité de se tenir sur la position du Parti, de se conformer à l'esprit de parti et à la politique du Parti.

> « Interventions aux causeries sur la littérature et l'art à Yenan » (Mai 1942), *Œuvres choisies de Mao Tsé-toung*, tome III.

Après l'anéantissement des ennemis armés, il y aura encore des ennemis non armés; ceux-ci ne manqueront pas de mener contre nous une lutte à mort; nous ne devons jamais les sous-estimer. Si nous ne posons et ne comprenons pas maintenant le problème de cette façon, nous commettrons les plus graves erreurs.

> « Rapport à la deuxième session plénière du Comité central issu du VIIe Congrès du Parti communiste chinois » (5 mars 1949), *Œuvres choisies de Mao Tsé-toung*, tome IV.

Les impérialistes et les réactionnaires du pays ne se résigneront jamais à leur défaite; ils se débattront jusqu'à la fin. Même quand la paix et l'ordre auront été rétablis dans l'ensemble du pays, ils continueront par tous les moyens à se livrer au sabotage et à provoquer des troubles, et chercheront à tout instant à rétablir leur domination en Chine. Cela est certain indubitable; nous ne devons donc absolument pas relâcher notre vigilance.

> Allocution d'ouverture à la première session plénière de la Conférence consultative politique du Peuple chinois (21 septembre 1949).

En Chine, la transformation socialiste, en tant qu'elle concerne la propriété, est pratiquement achevée; les vastes et tempétueuses luttes de classe, menées par les masses en période révolutionnaire, sont pour l'essentiel terminées. Néanmoins, il subsiste des vestiges des classes renversées des propriétaires fonciers et des compradores, la bourgeoisie existe encore, et la transformation de la petite bourgeoisie ne fait que commencer. La lutte de classes n'est pas encore arrivée à son terme. La lutte de classes entre le prolétariat et la bourgeoisie, entre les diverses forces politiques et entre les idéologies prolétarienne et bourgeoise sera encore longue et sujette à des vicissitudes, et par moments elle pourra même devenir très aiguë. Le prolétariat cherche à transformer le monde selon sa propre conception du monde, et la bourgeoisie, selon la sienne. A cet égard, la question de savoir qui l'emportera, du socialisme ou du capitalisme, n'est pas encore véritablement résolue.

« De la juste solution des contradictions au sein du peuple » (27 février 1957).

Il faudra encore un temps assez long pour décider de l'issue de la lutte idéologique entre le socialisme et le capitalisme dans notre pays. La raison en est que l'influence de la bourgeoisie et des intellectuels venant de l'ancienne société existera longtemps encore dans notre pays, de même que leur idéologie de classe. Si on ne saisit pas bien cela et à plus forte raison si on ne le le comprend pas du tout, on commettra les plus graves erreurs, et on méconnaîtra la nécessité de la lutte sur le plan idéologique.

« De la juste solution des contradictions au sein du peuple » (27 février 1957).

Dans notre pays, l'idéologie bourgeoise et petite-bourgeoise, les idées anti-marxistes subsisteront longtemps encore. Le système socialiste est dans l'ensemble instauré chez nous. Nous avons achevé pour l'essentiel la transformation de la propriété des moyens de production, mais sur le front politique et le front idéologique la victoire n'est pas encore complète. Sur le plan idéologique, la question de savoir qui l'emportera, le prolétariat ou la bourgeoisie, n'est pas encore vraiment résolue. Nous avons à soutenir un long combat contre l'idéologie bourgeoise et petite-bourgeoise. Ce serait une erreur de ne pas comprendre cela, de renoncer à la lutte idéologique. Toute idée erronée, toute herbe vénéneuse, tout génie malfaisant doivent être soumis à la critique, et il ne faut jamais leur laisser le champ libre. Mais cette critique doit être fondée pleinement sur l'argumentation, elle doit être analytique et convaincante, elle ne doit pas être brutale, bureaucratique, métaphysique ou dogmatique.

> « Intervention à la Conférence nationale
> du Parti communiste chinois sur le Travail
> de Propagande » (12 mars 1957).

Le dogmatisme et le révisionnisme vont tous deux à l'encontre du marxisme. Le marxisme doit nécessairement avancer, se développer au fur et à mesure que la pratique se développe, et il ne saurait rester sur place. S'il demeurait stagnant et stéréotypé, il n'aurait plus de vie. Toutefois, on ne peut enfreindre les principes fondamentaux du marxisme sans tomber dans l'erreur. Considérer le marxisme d'un point de vue métaphysique et comme quelque chose de figé, c'est du dogmatisme. Nier les principes fondamentaux et la vérité universelle du marxisme, c'est du révisionnisme, c'est-à-dire une forme de l'idéologie bourgeoise. Les révisionnistes effacent la différence entre le socialisme et le capitalisme, entre la dictature du prolétariat et celle de la bourgeoisie. Ce qu'ils préconisent est en fait non pas la ligne socialiste, mais la ligne capitaliste. Dans les circonstances présentes, le révisionnisme est encore plus nuisible que le dogmatisme. Une tâche importante nous incombe sur le front idéologique, celle de critiquer le révisionnisme.

> « Intervention à la Conférence nationale
> du Parti communiste chinois sur le Travail
> de Propagande » (12 mars 1957).

Le révisionnisme ou opportunisme de droite est un courant idéologique bourgeois; il est encore plus dangereux que le dogmatisme. Les révisionnistes ou opportunistes de droite approuvent le marxisme du bout des lèvres et attaquent eux aussi le « dogmatisme ». Mais leurs attaques visent en fait la substance même du marxisme. Ils combattent ou dénaturent le matérialisme et la dialectique, ils combattent ou tentent d'affaiblir la dictature démocratique populaire et le rôle dirigeant du Parti communiste, ainsi que la transformation et l'édification socialistes. Lors même que la révolution socialiste a remporté pratiquement la victoire dans notre pays, il y a encore un certain nombre de gens qui rêvent de restaurer le régime capitaliste; ils mènent la lutte contre la classe ouvrière sur tous les fronts, y compris celui de l'idéologie. Dans cette lutte, les révisionnistes sont leurs meilleurs adjoints.

> « De la juste solution des contradictions au sein du peuple » (27 février 1957).

CHAPITRE III

Le socialisme
et le communisme

Le communisme est le système complet de l'idéologie prolétarienne en même temps qu'un nouveau régime social. Il diffère de toute autre idéologie et de tout autre régime social, il est le plus parfait, le plus progressiste, le plus révolutionnaire, le plus rationnel de toute l'histoire de l'humanité. L'idéologie et le régime social du féodalisme sont entrés au musée de l'histoire. Ceux du capitalisme sont, eux aussi, entrés au musée dans une partie du monde (en U.R.S.S.); partout ailleurs, ils ressemblent à « un moribond qui décline rapidement, comme le soleil derrière les collines de l'ouest »; ils seront bientôt bons pour le musée. Seuls l'idéologie et le régime social du communisme se répandent dans le monde entier avec l'impétuosité de l'avalanche et la force de la foudre; ils feront fleurir leur merveilleux printemps.

« La Démocratie nouvelle » (Janvier 1940),
Œuvres choisies de Mao Tsé-toung, tome II.

En fin de compte, le régime socialiste se substituera au régime capitaliste; c'est une loi objective, indépendante de la volonté humaine. Quels que soient les efforts des réactionnaires pour freiner la roue de l'histoire dans son mouvement en avant, la révolution éclatera tôt ou tard et sera nécessairement victorieuse.

« Intervention à la réunion du Soviet suprême de l'U. R. S. S. pour la célébration du 40e anniversaire de la Grande Révolution socialiste d'Octobre » (6 novembre 1957).

Nous autres communistes, nous ne dissimulons jamais nos aspirations politiques. Il est certain, indubitable, que notre programme pour l'avenir ou programme maximum a pour but de conduire la Chine au socialisme et au communisme. Le nom de notre Parti et notre conception marxiste du monde indiquent clairement cet idéal suprême à réaliser dans l'avenir, idéal infiniment beau et radieux.

> « Du gouvernement de coalition » (24 avril 1945), *Œuvres choisies de Mao Tsé-toung*, tome III.

L'ensemble du mouvement révolutionnaire chinois dirigé par le Parti communiste comprend deux étapes, la révolution démocratique et la révolution socialiste; ce sont deux processus révolutionnaires de caractère différent, et c'est seulement après avoir achevé le premier que l'on peut passer à l'accomplissement du second. La révolution démocratique est la préparation nécessaire de la révolution socialiste, et la révolution socialiste est l'aboutissement logique de la révolution démocratique. Le but final de tout communiste, et pour lequel il doit lutter de toutes ses forces, c'est l'instauration définitive d'une société socialiste et d'une société communiste.

> « La Révolution chinoise et le Parti communiste chinois » (Décembre 1939), *Œuvres choisies de Mao Tsé-toung*, tome II.

Le but de la révolution socialiste est de libérer les forces productives. La transformation de la propriété individuelle en propriété collective socialiste dans les domaines de l'agriculture et de l'artisanat, et celle de la propriété capitaliste en propriété socialiste dans l'industrie et le commerce privés aboutiront nécessairement à une libération considérable des forces productives. Et les conditions sociales seront ainsi créées pour un énorme développement de la production industrielle et agricole.

> Allocution à la Conférence suprême d'Etat (25 janvier 1956).

Actuellement, nous poursuivons non seulement une révolution du système social, qui transforme la propriété privée en propriété sociale, mais aussi une révolution technique, qui fait passer la production artisanale au stade de la grande production mécanisée moderne. Ces deux révolutions sont liées. Dans le domaine de l'agriculture, la coopération doit précéder l'utilisation du gros outillage, étant donné les conditions de notre pays (dans les pays capitalistes, l'agriculture suit une orientation capitaliste). Il s'ensuit que l'industrie et l'agriculture sont absolument inséparables, tout comme l'industrialisation socialiste et la transformation socialiste de l'agriculture, et qu'on ne peut les considérer isolément; il faut éviter à tout prix d'accorder plus d'importance à l'une au détriment de l'autre.

> « Sur le problème de la coopération agricole » (31 juillet 1955).

Le nouveau régime social vient de s'établir et il faut un certain temps pour qu'il soit consolidé. N'allons pas croire qu'il le soit parfaitement dès son instauration; cela est impossible. Il ne peut être consolidé que progressivement. Pour qu'il le soit de façon définitive, il faut réaliser l'industrialisation socialiste du pays, poursuivre avec persévérance la révolution socialiste sur le front économique et, de plus, déployer sur les fronts politique et idéologique de durs et constants efforts en vue de la révolution et de l'éducation socialistes. Par ailleurs, il faut que différentes conditions internationales y contribuent.

> « Intervention à la Conférence nationale du Parti communiste chinois sur le Travail de Propagande » (12 mars 1957).

Dans notre pays, la lutte pour la consolidation du régime socialiste, la lutte qui décidera de la victoire du socialisme ou du capitalisme, s'étendra encore sur une longue période historique. Mais nous devons nous rendre compte que le nouveau régime socialiste se consolidera infailliblement. Il est certain que nous pouvons édifier un pays socialiste doté d'une industrie, d'une agriculture, d'une science et d'une culture modernes.

> « Intervention à la Conférence nationale du Parti communiste chinois sur le Travail de Propagande » (12 mars 1957).

Les intellectuels hostiles à notre État sont en nombre infime. Ce sont des gens qui n'aiment pas notre État fondé sur la dictature du prolétariat; ils regrettent l'ancienne société. A la moindre occasion, ils fomentent des troubles, cherchant à renverser le Parti communiste et à restaurer l'ancien régime. Entre la voie du prolétariat et celle de la bourgeoisie, c'est-à-dire entre la voie du socialisme et celle du capitalisme, ils s'obstinent à vouloir suivre la seconde. En fait, comme celle-ci est impraticable, ils sont prêts à capituler devant l'impérialisme, le féodalisme et le capitalisme bureaucratique. De telles gens se rencontrent dans les milieux de la politique, de l'industrie, du commerce, de la culture, de l'enseignement comme dans les milieux scientifiques, techniques et religieux; ils sont extrêmement réactionnaires.

> « Intervention à la Conférence nationale du Parti communiste chinois sur le Travail de Propagande » (12 mars 1957).

Le grand problème, c'est l'éducation des paysans. L'économie paysanne est dispersée, et la socialisation de l'agriculture, à en juger par l'expérience de l'Union soviétique, exigera un temps très long et un travail minutieux. Sans socialisation de l'agriculture, il ne peut y avoir de socialisme intégral, solide.

> « De la dictature démocratique populaire » (30 juin 1949), Œuvres choisies de Mao Tsé-toung, tome IV.

Nous devons être convaincus que 1° les masses paysannes désirent s'engager progressivement, sous la conduite du Parti, dans la voie du socialisme; et que 2° le Parti est capable de conduire les paysans dans cette voie. Ces deux points constituent l'essence du problème et reflètent la tendance générale.

> « Sur le problème de la coopération agri-
> cole » (31 juillet 1955).

Les organes dirigeants des coopératives doivent assurer la prépondérance, dans leur sein, des paysans pauvres actuels et des nouveaux paysans moyens de la couche inférieure; ils auront comme force d'appoint les anciens paysans moyens de la couche inférieure et les paysans moyens de la couche supérieure, anciens ou nouveaux. Ainsi seulement on pourra, conformément à la politique du Parti, réaliser l'unité des paysans pauvres et des paysans moyens, consolider les coopératives, développer la production et accomplir comme il se doit la transformation socialiste dans l'ensemble des régions rurales. Sinon, l'unité des paysans moyens et des paysans pauvres, la consolidation des coopératives, le développement de la production et la transformation socialiste dans l'ensemble des régions rurales seront impossibles.

> Note sur l'article : « Comment les paysans
> pauvres se sont assuré la prépondérance
> détenue jusqu'alors par les paysans moyens
> dans la Coopérative agricole de Production
> de Woutang, canton de Kaochan, district
> de Tchangcha » (1955), *L'Essor du socia-
> lisme dans les campagnes chinoises.*

Il faut unir à nous les paysans moyens; ce serait une erreur de ne pas le faire. Mais sur qui, dans nos campagnes, la classe ouvrière et le Parti communiste doivent-ils compter pour les rallier, en vue de la transformation socialiste dans l'ensemble des régions rurales? Bien entendu, sur les paysans pauvres, uniquement. Il en fut ainsi quand nous luttions contre les propriétaires fonciers et réalisions la réforme agraire; il en est encore ainsi aujourd'hui alors que nous luttons contre les paysans riches et tout facteur capitaliste, pour réaliser la transformation socialiste de l'agriculture. Au début de ces deux périodes révolutionnaires, les paysans moyens se sont montrés hésitants. Et c'est seulement lorsqu'ils se rendent clairement compte de la tendance générale de la situation et voient que le triomphe de la révolution est imminent qu'ils passent du côté de celle-ci. Les paysans pauvres doivent agir sur les paysans moyens, les gagner à eux pour que la révolution prenne chaque jour plus d'ampleur, et ce jusqu'à la victoire finale.

> Note sur l'article : « Leçons tirées de l'apparition de « coopératives de paysans moyens » et de « coopératives de paysans pauvres » dans le district de Fouan » (1955), *L'Essor du socialisme dans les campagnes chinoises.*

Il y a une sérieuse tendance au capitalisme chez les paysans aisés. Elle se donnera libre cours si nous relâchons tant soit peu notre travail politique parmi les paysans pendant le mouvement de coopération et dans une longue période à venir.

> Note sur l'article : « Une lutte résolue doit être menée contre la tendance au capitalisme » (1955), *L'Essor du socialisme dans les campagnes chinoises.*

Le mouvement de coopération agricole a été, dès le début, une sérieuse lutte idéologique et politique. Aucune coopérative ne peut être fondée sans une telle lutte. Pour qu'un système social tout nouveau puisse être édifié à la place de l'ancien, il faut d'abord déblayer le terrain. Les survivances de l'idéologie reflétant l'ancien système demeurent nécessairement, et pendant longtemps, dans l'esprit des gens et ne s'effacent pas facilement.

Une coopérative doit, après sa création, passer encore par bien des luttes avant de se consolider. Et même après sa consolidation, elle risque d'échouer, pour peu qu'elle relâche ses efforts.

> Note sur l'article : « Une sérieuse leçon » (1955), *L'Essor du socialisme dans les campagnes chinoises.*

Au cours de ces dernières années, la tendance spontanée au capitalisme dans les campagnes s'affirme chaque jour davantage, et on voit apparaître partout de nouveaux paysans riches; beaucoup de paysans moyens aisés s'efforcent de devenir des paysans riches. Beaucoup de paysans pauvres, ne disposant pas de moyens de production suffisants, sont encore dans le besoin; certains ont des dettes, d'autres ont vendu ou loué leur terre. Si on laisse évoluer cet état de choses, le phénomène de différenciation vers les deux pôles ira inévitablement en s'aggravant. Les paysans qui ont perdu leur terre et ceux qui sont encore dans la pauvreté nous reprocheront de ne pas les secourir et de ne pas les aider à surmonter leurs difficultés. Les paysans moyens aisés qui tendent à s'engager dans la voie du capitalisme seront eux aussi mécontents de nous; nous ne pourrons jamais, en effet, satisfaire leurs exigences puisque nous n'avons pas l'intention de suivre la voie du capitalisme. Dans une telle situation, l'alliance des ouvriers et des paysans pourrait-elle encore être consolidée? Il est clair que non. Le problème ne peut être résolu que sur une nouvelle base : tout en procédant graduellement à l'industrialisation socialiste et à la transformation socialiste de l'artisanat, de l'industrie et du commerce capitalistes, réaliser progressivement la transformation socialiste de l'agriculture dans son ensemble, c'est-à-dire la coopération, liquider l'économie des paysans riches ainsi que le système des exploitations individuelles dans les régions rurales, ce qui donnera l'aisance à tout le peuple de nos campagnes. A notre avis, c'est seulement ainsi que l'alliance des ouvriers et des paysans pourra être consolidée.

> « Sur le problème de la coopération agricole » (31 juillet 1955).

Par planification d'ensemble, il faut entendre la planification qui tient compte de l'ensemble des intérêts de nos 600 millions d'habitants. Lorsque nous établissons un plan, réglons une affaire ou réfléchissons à un problème, nous devons toujours partir du fait que notre pays a 600 millions d'habitants; en aucun cas, nous ne devons oublier cela.

> « De la juste solution des contradictions au sein du peuple » (27 février 1957).

Outre la direction du Parti, un facteur décisif est notre population forte de 600 millions d'habitants. Plus il y a de gens, plus il y a de discussions, plus il y a d'ardeur et d'énergie. Jamais les masses n'ont été aussi enthousiastes, jamais leur combativité et leur moral n'ont été aussi élevés.

> « Présentation d'une coopérative » (15 avril 1958).

Parmi les caractéristiques de la Chine de 600 millions d'habitants, ce qui frappe, c'est la pauvreté et le dénuement. Choses mauvaises en apparence, bonnes en réalité. La pauvreté pousse au changement, à l'action, à la révolution. Sur une feuille blanche, tout est possible; on peut y écrire et dessiner ce qu'il y a de plus nouveau et de plus beau.

> « Présentation d'une coopérative » (15 avril 1958).

Quand la révolution chinoise aura triomphé dans tout le pays et que le problème agraire aura été résolu, deux contradictions fondamentales n'en subsisteront pas moins en Chine. La première, d'ordre intérieur, est la contradiction entre la classe ouvrière et la bourgeoisie. La seconde, d'ordre extérieur, est la contradiction entre la Chine et les pays impérialistes. C'est pourquoi, après la victoire de la révolution démocratique populaire, le pouvoir d'État de la république populaire sous la direction de la classe ouvrière ne devra pas être affaibli, mais renforcé.

> « Rapport à la deuxième session plénière du Comité central issu du VIIᵉ Congrès du Parti communiste chinois » (5 mars 1949), *Œuvres choisies de Mao Tsé-toung*, tome IV.

« Ne voulez-vous donc pas supprimer le pouvoir d'État? » Si, nous le voulons, mais pas pour le moment; nous ne pouvons pas encore le faire. Pourquoi? Parce que l'impérialisme existe toujours, parce que la réaction intérieure existe toujours, parce que les classes existent toujours dans le pays. Notre tâche actuelle est de renforcer l'appareil d'État du peuple, principalement l'armée populaire, la police populaire et la justice populaire, afin de consolider la défense nationale et de protéger les intérêts du peuple.

> « De la dictature démocratique populaire » (30 juin 1949), *Œuvres choisies de Mao Tsé-toung*, tome IV.

Notre État a pour régime la dictature démocratique populaire dirigée par la classe ouvrière et fondée sur l'alliance des ouvriers et des paysans. Quelles sont les fonctions de cette dictature? Sa première fonction est d'exercer sa répression, à l'intérieur du pays, sur les classes et les éléments réactionnaires ainsi que sur les exploiteurs qui s'opposent à la révolution socialiste, sur ceux qui sapent l'édification socialiste, c'est-à-dire de résoudre les contradictions entre nous et nos ennemis à l'intérieur du pays. Par exemple, arrêter, juger et condamner certains contre-révolutionnaires et retirer, pour un temps déterminé, aux propriétaires fonciers et aux capitalistes bureaucratiques le droit de vote et la liberté de parole — tout cela entre dans le champ d'application de notre dictature. Pour maintenir l'ordre dans la société et défendre les intérêts des masses populaires, il est également nécessaire d'exercer la dictature sur les voleurs, les escrocs, les assassins, les incendiaires, les bandes de voyous et les autres mauvais éléments qui troublent sérieusement l'ordre public. La dictature a une deuxième fonction, celle de défendre notre pays contre les activités subversives et les agressions éventuelles des ennemis du dehors. Dans ce cas, la dictature a pour tâche de résoudre sur le plan extérieur les contradictions entre nous et nos ennemis. Le but de la dictature est de protéger le peuple tout entier dans le travail paisible qu'il poursuit pour transformer la Chine en un pays socialiste doté d'une industrie, d'une agriculture, d'une science et d'une culture modernes.

« De la juste solution des contradictions au sein du peuple » (27 février 1957).

La dictature démocratique populaire a besoin de la direction de la classe ouvrière, car c'est la classe la plus clairvoyante, la plus désintéressée, celle dont l'esprit révolutionnaire est le plus conséquent. Toute l'histoire de la révolution prouve que, sans la direction de la classe ouvrière, la révolution échoue et qu'elle triomphe avec la direction de la classe ouvrière.

« De la dictature démocratique populaire » (30 juin 1949), *Œuvres choisies de Mao Tsé-toung*, tome IV.

La dictature démocratique populaire est basée sur l'alliance de la classe ouvrière, de la paysannerie et de la petite bourgeoisie urbaine, et principalement sur l'alliance des ouvriers et des paysans, parce que ces deux classes représentent 80 à 90 pour cent de la population chinoise. Le renversement de l'impérialisme et de la clique réactionnaire du Kuomintang est dû avant tout à la force de ces deux classes, et le passage de la démocratie nouvelle au socialisme dépend principalement de leur alliance.

« De la dictature démocratique populaire » (30 juin 1949), *Œuvres choisies de Mao Tsé-toung*, tome IV.

La lutte de classes, la lutte pour la production et l'expérimentation scientifique sont les trois grands mouvements révolutionnaires de l'édification d'un pays socialiste puissant. Ces mouvements constituent une sûre garantie permettant aux communistes de se garder de toute bureaucratie, de se prémunir contre le révisionnisme et le dogmatisme et de demeurer toujours invincibles, une sûre garantie permettant au prolétariat de s'unir avec les larges masses travailleuses et de pratiquer une dictature démocratique. Si, en l'absence de ces mouvements, on laissait se déchaîner les propriétaires fonciers, les paysans riches, les contre-révolutionnaires, les mauvais éléments et les génies malfaisants, tandis que nos cadres fermeraient les yeux et que nombre d'entre eux n'opéreraient même pas de distinction entre l'ennemi et nous, mais collaboreraient avec l'ennemi, se laissant corrompre, démoraliser et désunir par lui, si nos cadres étaient ainsi entraînés dans le camp ennemi ou si l'ennemi parvenait à s'infiltrer dans nos rangs, et si beaucoup de nos ouvriers, paysans et intellectuels se laissaient aussi séduire ou intimider par l'ennemi, alors il se passerait peu de temps, peut-être quelques années ou une décennie, tout au plus quelques décennies, avant qu'une restauration contre-révolutionnaire n'ait inévitablement lieu à l'échelle nationale, que le parti marxiste-léniniste ne devienne un parti révisionniste, un parti fasciste, et que toute la Chine ne change de couleur.

> Cité dans « Le pseudo-communisme de Khrouchtchev et les leçons historiques qu'il donne au monde » (14 juillet 1964).

L'exercice de la dictature démocratique populaire implique deux méthodes. A l'égard des ennemis, nous employons celle de la dictature; autrement dit, aussi longtemps qu'il sera nécessaire, nous ne leur permettrons pas de participer à l'activité politique, nous les obligerons à se soumettre aux lois du gouvernement populaire, nous les forcerons à travailler de leurs mains pour qu'ils se transforment en hommes nouveaux. Par contre, à l'égard du peuple, ce n'est pas la méthode de la contrainte, mais la méthode démocratique qui intervient; autrement dit, le peuple doit pouvoir participer à l'activité politique; il faut employer à son égard les méthodes démocratiques d'éducation et de persuasion, au lieu de l'obliger à faire ceci ou cela.

> Allocution de clôture à la deuxième session du 1er Comité national de la Conférence consultative politique du Peuple chinois (23 juin 1950).

Le peuple chinois, sous la direction du Parti communiste, mène un vigoureux mouvement de rectification, afin de donner un essor rapide à la cause du socialisme en Chine sur une base plus solide encore. Il s'agit de résoudre correctement les différentes contradictions qui existent effectivement au sein du peuple et qui demandent à être résolues à l'heure actuelle. A cet effet, un grand débat est organisé dans notre peuple tout entier, débat dirigé et libre, avec faits et arguments à l'appui, dans les villes comme à la campagne, et qui porte sur les questions de la voie socialiste et de la voie capitaliste, du régime fondamental et des mesures politiques importantes de l'État, du style de travail des cadres du Parti et du gouvernement, et du bien-être du peuple. Il s'agit d'un mouvement socialiste par lequel le peuple s'éduque et se réforme lui-même.

> « Intervention à la réunion du Soviet suprême de l'U. R. S. S. pour la célébration du 40e anniversaire de la Grande Révolution socialiste d'Octobre » (6 novembre 1957).

Notre travail d'édification grandiose pose devant nous une tâche extrêmement ardue. Bien que les communistes soient plus de dix millions en Chine, ils ne représentent qu'une minime partie de la population du pays. Dans nos organismes d'État et dans l'ensemble des activités de notre société, l'abondance du travail réclame le concours des non-communistes. Si nous ne savons pas prendre appui sur les masses populaires, ni collaborer avec les non-communistes, il nous sera impossible de mener notre travail à bonne fin. Tout en renforçant l'unité du Parti, nous devons continuer à affermir l'union des nationalités, des classes démocratiques, des partis démocratiques et des organisations populaires, à consolider et à élargir notre front uni démocratique populaire; il nous faut, dans n'importe quel secteur de notre travail, remédier soigneusement à tout ce qui compromet l'union du Parti avec le peuple.

> « Allocution d'ouverture au VIIIe Congrès du Parti communiste chinois » (15 septembre 1956).

CHAPITRE IV   La juste solution des
contradictions au sein
du peuple

Nous sommes en présence de deux types de contradictions
sociales : les contradictions entre nous et nos ennemis et les
contradictions au sein du peuple. Ce sont deux types de contradictions de caractère tout à fait différent.

> « De la juste solution des contradictions
> au sein du peuple » (27 février 1957).

Pour avoir une connaissance juste de ces deux types de contradictions — contradictions entre nous et nos ennemis et contradictions au sein du peuple —, il est tout d'abord nécessaire de
préciser ce qu'il faut entendre par « peuple » et par « ennemis ».
... A l'étape actuelle, qui est la période de l'édification socialiste,
toutes les classes et couches sociales, tous les groupes sociaux
qui approuvent et soutiennent cette édification, et y participent,
forment le peuple, alors que toutes les forces sociales et tous
les groupes sociaux qui s'opposent à la révolution socialiste, qui
sont hostiles à l'édification socialiste ou s'appliquent à la saboter,
sont les ennemis du peuple.

> « De la juste solution des contradictions
> au sein du peuple » (27 février 1957).

Dans les conditions actuelles de notre pays, les contradictions
au sein du peuple comprennent les contradictions au sein de
la classe ouvrière, les contradictions au sein de la paysannerie,
les contradictions parmi les intellectuels, les contradictions entre
la classe ouvrière et la paysannerie, les contradictions qui opposent
les ouvriers et les paysans aux intellectuels, les contradictions
qui opposent les ouvriers et les autres travailleurs à la bourgeoi-

sie nationale, les contradictions au sein de la bourgeoisie nationale, etc. Notre gouvernement populaire est l'authentique représentant des intérêts du peuple, il est au service de celui-ci; mais entre lui et les masses il y a également des contradictions. Ce sont notamment celles qui existent entre les intérêts de l'État, de la collectivité et de l'individu, entre la démocratie et le centralisme, entre les dirigeants et les dirigés, entre certains travailleurs de l'État qui pratiquent un style de travail bureaucratique et les masses populaires. Ce sont là aussi des contradictions au sein du peuple. De façon générale, les contradictions au sein du peuple reposent sur l'identité fondamentale des intérêts du peuple.

> « De la juste solution des contradictions
> au sein du peuple » (27 février 1957).

Les contradictions entre nous et nos ennemis sont des contradictions antagonistes. Au sein du peuple, les contradictions entre travailleurs ne sont pas antagonistes et les contradictions entre classe exploitée et classe exploiteuse présentent, outre leur aspect antagoniste, un aspect non antagoniste.

> « De la juste solution des contradictions
> au sein du peuple » (27 février 1957).

Comment déterminer, dans le cadre de la vie politique de notre peuple, si nos paroles et nos actes sont justes ou erronés? Nous estimons que, d'après les principes de notre Constitution et conformément à la volonté de l'immense majorité de notre peuple et aux programmes politiques proclamés conjointement à diverses occasions par nos partis politiques, il est possible de formuler, dans leurs traits généraux, les critères que voici :

Est juste

1) ce qui favorise l'union du peuple de toutes les nationalités de notre pays et non ce qui provoque la division en son sein;

2) ce qui favorise la transformation et l'édification socialistes et non ce qui nuit à cette transformation et à cette édification;

3) ce qui favorise le renforcement de la dictature démocratique populaire et non ce qui sape ou affaiblit cette dictature;

4) ce qui favorise le renforcement du centralisme démocratique et non ce qui le sape ou l'affaiblit;

5) ce qui favorise le renforcement de la direction du Parti communiste et non ce qui rejette ou affaiblit cette direction;

6) ce qui favorise la solidarité internationale socialiste et la solidarité internationale de tous les peuples pacifiques et non ce qui porte préjudice à ces deux formes de solidarité.

De ces six critères, les plus importants sont celui de la voie socialiste et celui du rôle dirigeant du Parti.

> « De la juste solution des contradictions au sein du peuple » (27 février 1957).

L'élimination des contre-révolutionnaires est une lutte qui appartient au domaine des contradictions entre nous et nos ennemis. Parmi le peuple, il y a des gens qui voient cette question un peu autrement. Deux catégories de gens ont des vues qui diffèrent des nôtres. Ceux qui ont des vues droitistes ne font pas de différence entre nous et nos ennemis, ils prennent les ennemis pour nos propres gens. Ils considèrent comme des amis ceux que les larges masses considèrent comme des ennemis. Ceux qui ont des vues gauchistes étendent tellement le champ des contradictions entre nous et nos ennemis qu'ils y font entrer certaines contradictions au sein du peuple; ils considèrent comme des contre-révolutionnaires des personnes qui en réalité ne le sont pas. Ces deux points de vue sont erronés. Ils ne permettent ni l'un ni l'autre de résoudre correctement la question de l'élimination des contre-révolutionnaires, ni d'apprécier correctement les résultats de notre travail dans ce sens.

> « De la juste solution des contradictions au sein du peuple » (27 février 1957).

Les contradictions qualitativement différentes ne peuvent se résoudre que par des méthodes qualitativement différentes. Ainsi, la contradiction entre le prolétariat et la bourgeoisie se résout par la révolution socialiste; la contradiction entre les masses populaires et le régime féodal, par la révolution démocratique; la contradiction entre les colonies et l'impérialisme, par la guerre révolutionnaire nationale ; la contradiction entre la classe ouvrière et la paysannerie, dans la société socialiste, par la collectivisation et la mécanisation de l'agriculture ; les contradictions au sein du Parti communiste se résolvent par la critique et l'autocritique ; les contradictions entre la société et la nature, par le développement des forces productives. ... Résoudre les contradictions différentes par des méthodes différentes est un principe que les marxistes-léninistes doivent rigoureusement observer.

> « De la contradiction » (Août 1937),
> *Œuvres choisies de Mao Tsé-toung*, tome I.

Comme les contradictions entre l'ennemi et nous et les contradictions au sein du peuple sont de nature différente, elles doivent être résolues par des méthodes différentes. En somme, il s'agit, pour le premier type de contradictions, d'établir une claire distinction entre l'ennemi et nous, et, pour le second type, entre le vrai et le faux. Bien entendu, établir une claire distinction entre l'ennemi et nous, c'est en même temps distinguer le vrai du faux. Ainsi, par exemple, la question de savoir qui a raison et qui a tort — nous ou les forces réactionnaires intérieures et extérieures comme l'impérialisme, le féodalisme et le capital bureaucratique — est également une question de distinction entre le vrai et le faux, mais elle est différente par sa nature des questions sur le vrai et le faux qui se posent au sein du peuple.

> « De la juste solution des contradictions
> au sein du peuple » (27 février 1957).

Toute question d'ordre idéologique, toute controverse au sein du peuple ne peut être résolue que par des méthodes démocratiques, des méthodes de discussion, de critique, de persuasion et d'éducation ; on ne peut la résoudre par des méthodes coercitives et répressives.

> « De la juste solution des contradictions
> au sein du peuple » (27 février 1957).

Afin de pouvoir exercer une activité productrice efficace, étudier avec succès et vivre dans des conditions où règne l'ordre, le peuple exige de son gouvernement, des dirigeants de la production et des dirigeants des institutions culturelles et éducatives qu'ils émettent des ordres administratifs appropriés ayant un caractère de contrainte. Le bon sens indique que sans ces derniers, il serait impossible de maintenir l'ordre dans la société. Dans la solution des contradictions au sein du peuple, les ordres administratifs et les méthodes de persuasion et d'éducation se complètent mutuellement. Il faut que les ordres administratifs émis pour maintenir l'ordre dans la société soient également accompagnés d'un travail de persuasion et d'éducation, car le seul recours aux ordres administratifs est, dans bien des cas, inefficace.

« De la juste solution des contradictions au sein du peuple » (27 février 1957).

L'idéologie de la bourgeoisie et celle de la petite bourgeoisie trouveront sûrement à se manifester. A coup sûr, ces deux classes s'obstineront à s'affirmer par tous les moyens dans les questions politiques et idéologiques. Il est impossible qu'il en soit autrement. Nous ne devons pas recourir à des méthodes de répression pour les empêcher de s'exprimer; nous devons le leur permettre, et en même temps discuter avec elles et critiquer leurs idées de façon appropriée. Il est hors de doute que nous devons soumettre à la critique toute espèce d'idées erronées. Certes, on ne peut renoncer à critiquer les idées erronées et les regarder tranquillement se répandre partout et s'emparer du marché — toute erreur est à critiquer, toute herbe vénéneuse est à combattre —, mais cette critique ne doit pas être dogmatique; il faut écarter la méthode métaphysique et faire tout son possible pour employer la méthode dialectique. La critique nécessite l'analyse scientifique et une argumentation pleinement convaincante.

« De la juste solution des contradictions au sein du peuple » (27 février 1957).

Il faut critiquer les défauts du peuple, mais il faut le faire en partant véritablement de la position du peuple; notre critique doit être inspirée par le désir ardent de le défendre et de l'éduquer. Traiter ses camarades comme on traite l'ennemi, c'est adopter la position de ce dernier.

> « Interventions aux causeries sur la litté-
> rature et l'art à Yenan » (Mai 1942),
> *Œuvres choisies de Mao Tsé-toung*, tome III.

Les contradictions et la lutte sont universelles, absolues, mais les méthodes pour résoudre les contradictions, c'est-à-dire les formes de lutte, varient selon le caractère de ces contradictions : certaines contradictions revêtent le caractère d'un antagonisme déclaré, d'autres non. Suivant le développement concret des choses et des phénomènes, certaines contradictions primitivement non antagonistes se développent en contradictions antagonistes, alors que d'autres, primitivement antagonistes, se développent en contradictions non antagonistes.

> « De la contradiction » (Août 1937),
> *Œuvres choisies de Mao Tsé-toung*, tome I.

Dans les conditions habituelles, les contradictions au sein du peuple ne sont pas antagonistes. Cependant, elles peuvent le devenir si on ne les règle pas d'une façon correcte ou si l'on manque de vigilance et qu'on se laisse aller à l'insouciance et à la négligence. Dans les pays socialistes, ce phénomène n'est habituellement que partiel et temporaire. La raison en est que le système de l'exploitation de l'homme par l'homme y est supprimé et que les intérêts du peuple y sont foncièrement identiques.

> « De la juste solution des contradictions
> au sein du peuple » (27 février 1957).

Dans notre pays, les contradictions entre la classe ouvrière et la bourgeoisie nationale font partie des contradictions qui se manifestent au sein du peuple. La lutte de classes entre la classe ouvrière et la bourgeoisie nationale relève en général du domaine de la lutte de classes au sein du peuple, car, dans notre pays, la bourgeoisie nationale revêt un double caractère. Dans la période de la révolution démocratique bourgeoise, elle présentait un caractère révolutionnaire, mais en même temps une tendance au compromis. Dans la période de la révolution socialiste, elle exploite la classe ouvrière et en tire des profits, mais en même temps elle soutient la Constitution et se montre disposée à accepter la transformation socialiste. Elle se distingue des impérialistes, des propriétaires fonciers et de la bourgeoisie bureaucratique. Les contradictions qui l'opposent à la classe ouvrière sont des contradictions entre exploiteurs et exploités; elles sont certes de nature antagoniste. Cependant, dans les conditions concrètes de notre pays, les contradictions antagonistes entre ces deux classes peuvent se transformer en contradictions non antagonistes et recevoir une solution pacifique si elles sont traitées de façon judicieuse. Si les contradictions entre la classe ouvrière et la bourgeoisie nationale ne sont pas réglées correctement, c'est-à-dire si nous ne pratiquons pas à l'égard de celle-ci une politique d'union, de critique et d'éducation, ou si cette bourgeoisie n'accepte pas une telle politique, elles peuvent devenir des contradictions entre nous et nos ennemis.

« De la juste solution des contradictions au sein du peuple » (27 février 1957).

Les réactionnaires à l'intérieur d'un pays socialiste, de connivence avec les impérialistes, cherchent à faire triompher leur complot en mettant à profit les contradictions au sein du peuple pour fomenter la division et susciter le désordre. Cette leçon des événements de Hongrie mérite notre attention.

« De la juste solution des contradictions au sein du peuple » (27 février 1957).

CHAPITRE V

La guerre et la paix

La guerre, qui a commencé avec l'apparition de la propriété privée et des classes, est la forme suprême de lutte pour résoudre, à une étape déterminée de leur développement, les contradictions entre classes, entre nations, entre États ou blocs politiques.

> « Problèmes stratégiques de la guerre révolutionnaire en Chine » (Décembre 1936), *Œuvres choisies de Mao Tsé-toung*, tome I.

« La guerre est la continuation de la politique. » En ce sens, la guerre, c'est la politique; elle est donc en elle-même un acte politique; depuis les temps les plus anciens, il n'y a jamais eu de guerre qui n'ait eu un caractère politique. ...

Mais la guerre a aussi ses caractères spécifiques. En ce sens, elle n'est pas identique à la politique en général. « La guerre est la continuation de la politique par d'autres moyens. » Une guerre éclate pour lever les obstacles qui se dressent sur la voie de la politique, quand celle-ci a atteint un certain stade qui ne peut être dépassé par les moyens habituels. ... Lorsque l'obstacle est levé et le but politique atteint, la guerre prend fin. Tant que l'obstacle n'est pas complètement levé, il faut poursuivre la guerre jusqu'à ce qu'elle atteigne son but politique. ... C'est pourquoi l'on peut dire que la politique est une guerre sans effusion de sang et la guerre une politique avec effusion de sang.

> « De la guerre prolongée » (Mai 1938), *Œuvres choisies de Mao Tsé-toung*, tome II.

L'histoire montre que les guerres se divisent en deux catégories :
les guerres justes et les guerres injustes. Toute guerre progressiste
est juste et toute guerre qui fait obstacle au progrès est injuste.
Nous autres communistes, nous luttons contre toutes les guerres
injustes qui entravent le progrès, mais nous ne sommes pas contre
les guerres progressistes, les guerres justes. Nous communistes,
non seulement nous ne luttons pas contre les guerres justes, mais
encore nous y prenons part activement. La Première guerre
mondiale est un exemple de guerre injuste; les deux parties y
combattaient pour des intérêts impérialistes, et c'est pourquoi
les communistes du monde entier s'y sont résolument opposés.
Voici comment il faut lutter contre une telle guerre : avant qu'elle
n'éclate, il faut faire tous les efforts possibles pour l'empêcher,
mais une fois qu'elle a éclaté, il faut, dès qu'on le peut, lutter
contre la guerre par la guerre, opposer à une guerre injuste une
guerre juste.

> « De la guerre prolongée » (Mai 1938),
> *Œuvres choisies de Mao Tsé-toung*, tome II.

Dans la société de classes, les révolutions et les guerres révolutionnaires sont inévitables; sans elles, il est impossible d'obtenir
un développement par bonds de la société, de renverser la classe
réactionnaire dominante et de permettre au peuple de prendre
le pouvoir.

> « De la contradiction » (Août 1937),
> *Œuvres choisies de Mao Tsé-toung*, tome I.

Une guerre révolutionnaire agit comme une sorte de contre-
poison, non seulement sur l'ennemi, dont elle brisera la ruée
forcenée, mais aussi sur nos propres rangs, qu'elle débarrassera
de tout ce qu'ils ont de malsain. Toute guerre juste, révolutionnaire, est une grande force, elle peut transformer bien des choses
ou ouvrir la voie à leur transformation. La guerre sino-japonaise
transformera et la Chine et le Japon. Il suffit que la Chine pour-
suive fermement la Guerre de Résistance et applique fermement

une politique de front uni pour que l'ancien Japon se transforme immanquablement en un Japon nouveau, et l'ancienne Chine en une Chine nouvelle. Aussi bien en Chine qu'au Japon, les gens et les choses se transformeront, au cours de la guerre et après la guerre.

> « De la guerre prolongée » (Mai 1938),
> *Œuvres choisies de Mao Tsé-toung*, tome II.

Chaque communiste doit s'assimiler cette vérité que « le pouvoir est au bout du fusil ».

> « Problèmes de la guerre et de la stratégie »
> (6 novembre 1938), *Œuvres choisies de Mao Tsé-toung*, tome II.

La tâche centrale et la forme suprême de la révolution, c'est la conquête du pouvoir par la lutte armée, c'est résoudre le problème par la guerre. Ce principe révolutionnaire du marxisme-léninisme est valable partout, en Chine comme dans les autres pays.

> « Problèmes de la guerre et de la stratégie »
> (6 novembre 1938), *Œuvres choisies de Mao Tsé-toung*, tome II.

En Chine, sans la lutte armée, il n'y aurait pas de place pour le prolétariat, ni pour le peuple, ni pour le Parti communiste, et pas de victoire pour la révolution. C'est à travers les guerres révolutionnaires de ces dix-huit années que notre Parti s'est développé, consolidé et bolchévisé, et sans la lutte armée, il n'y aurait pas eu le Parti communiste d'aujourd'hui. Les camarades du Parti ne doivent jamais oublier cette expérience payée de notre sang.

> « Pour la parution de la revue *Le Communiste* » (4 octobre 1939), *Œuvres choisies de Mao Tsé-toung*, tome II.

Du point de vue de la doctrine marxiste sur l'État, l'armée est la partie constitutive principale du pouvoir d'État. Celui qui veut s'emparer du pouvoir d'État et le conserver doit posséder une forte armée. Certains ironisent sur notre compte en nous traitant de partisans de « l'omnipotence de la guerre ». Eh bien, oui! nous sommes pour l'omnipotence de la guerre révolutionnaire. Ce n'est pas mal faire, c'est bien faire, c'est être marxiste. Les fusils des communistes russes ont créé le socialisme. Nous, nous voulons créer une république démocratique. L'expérience de la lutte des classes à l'époque de l'impérialisme nous montre que la classe ouvrière et les masses travailleuses ne peuvent vaincre les classes armées de la bourgeoisie et des propriétaires fonciers que par la force des fusils. En ce sens, on peut dire qu'il n'est possible de transformer le monde qu'avec le fusil.

« Problèmes de la guerre et de la stratégie » (6 novembre 1938), *Œuvres choisies de Mao Tsé-toung*, tome II.

Nous sommes pour l'abolition des guerres; la guerre, nous ne la voulons pas. Mais on ne peut abolir la guerre que par la guerre. Pour qu'il n'y ait plus de fusils, il faut prendre le fusil.

« Problèmes de la guerre et de la stratégie » (6 novembre 1938), *Œuvres choisies de Mao Tsé-toung*, tome II.

La guerre, ce monstre qui fait s'entretuer les hommes, finira par être éliminée par le développement de la société humaine, et le sera même dans un avenir qui n'est pas lointain. Mais pour supprimer la guerre, il n'y a qu'un seul moyen : opposer la guerre à la guerre, opposer la guerre révolutionnaire à la guerre contre-révolutionnaire, opposer la guerre nationale révolutionnaire à la guerre nationale contre-révolutionnaire, opposer la guerre révolutionnaire de classe à la guerre contre-révolutionnaire de classe. ... Lorsque la société humaine en arrivera à la suppres-

sion des classes, à la suppression de l'État, n'y aura plus de
guerres — ni contre-révolutionnaires, ni révolutionnaires, ni
injustes, ni justes. Ce sera l'ère de la paix perpétuelle pour l'humanité. En étudiant les lois de la guerre révolutionnaire, nous
partons de l'aspiration à supprimer toutes les guerres ; c'est en cela
que réside la différence entre nous autres communistes et les représentants de toutes les classes exploiteuses.

« Problèmes stratégiques de la guerre révolutionnaire en Chine » (Décembre 1936),
Œuvres choisies de Mao Tsé-toung, tome I.

Notre pays et les autres pays socialistes ont besoin de la paix,
les peuples du monde entier également. Seuls certains groupes
monopolistes des quelques pays impérialistes, qui cherchent à
s'enrichir au moyen de l'agression, aspirent à la guerre et ne
veulent pas la paix.

« Allocution d'ouverture au VIIIe Congrès
du Parti communiste chinois » (15 septembre 1956).

Pour établir une paix durable dans le monde, nous devons
continuer à développer notre coopération amicale avec les pays
frères du camp socialiste et renforcer notre solidarité avec les
pays attachés à la paix. Nous devons nous efforcer d'établir avec
tous les pays désireux de vivre en paix avec nous des relations
diplomatiques normales sur la base du respect mutuel de l'inté-
grité territoriale et de la souveraineté ainsi que de l'égalité et des
avantages réciproques. Nous devons enfin apporter un soutien
actif aux mouvements d'indépendance et de libération nationales
des pays d'Asie, d'Afrique et d'Amérique latine, aux mouvements pour la paix et aux justes luttes de tous les pays du monde.

« Allocution d'ouverture au VIIIe Congrès
du Parti communiste chinois » (15 septembre 1956).

Pour ce qui est des pays impérialistes, nous devons également nous unir avec leurs peuples et chercher à réaliser la coexistence pacifique avec ces pays, à faire du commerce avec eux et à empêcher une guerre éventuelle; mais nous ne devons en aucun cas nourrir à leur égard des vues qui ne correspondent pas à la réalité.

> « De la juste solution des contradictions au sein du peuple » (27 février 1957).

Nous désirons la paix. Toutefois, si l'impérialisme s'obstine à vouloir la guerre, il nous faudra, sans hésiter, faire d'abord la guerre avant d'édifier le pays. Tous les jours tu crains la guerre, et si elle éclatait pourtant? J'ai déjà dit que le vent d'est l'emportait sur le vent d'ouest, que la guerre n'aurait pas lieu, et maintenant, j'apporte cette précision complémentaire pour le cas où la guerre éclaterait. Ainsi, les deux possibilités auront été envisagées.

> Intervention à la Conférence de Moscou des Partis communistes et ouvriers (18 novembre 1957).

Actuellement, dans tous les pays du monde, on discute de l'éventualité d'une troisième guerre mondiale. Nous devons être préparés psychologiquement à cette éventualité et l'envisager d'une manière analytique. Nous sommes résolument pour la paix et contre la guerre. Mais si les impérialistes s'entêtent à déclencher une nouvelle guerre, nous ne devons pas en avoir peur. Notre attitude devant cette question est la même que devant tous les désordres : primo, nous sommes contre, et secundo, nous n'en avons pas peur. La Première guerre mondiale a été suivie par la naissance de l'Union soviétique avec une population de 200 millions d'habitants. La Seconde guerre mondiale a été suivie de la formation du camp socialiste qui englobe une population de 900 millions d'âmes. Il est certain que si les impérialistes s'obstinent à déclencher une troisième guerre mondiale,

des centaines de millions d'hommes passeront du côté du socialisme et seul un territoire peu étendu demeurera aux mains des
impérialistes; il est même possible que le système impérialiste
s'effondre complètement.

> « De la juste solution des contradictions
> au sein du peuple » (27 février 1957).

Provocation de troubles, échec, nouvelle provocation, nouvel
échec, et cela jusqu'à leur ruine — telle est la logique des impérialistes et de tous les réactionnaires du monde à l'égard de la
cause du peuple; et jamais ils n'iront contre cette logique. C'est
là une loi marxiste. Quand nous disons : « l'impérialisme est
féroce », nous entendons que sa nature ne changera pas, et que
les impérialistes ne voudront jamais poser leur coutelas de
boucher, ni ne deviendront jamais des bouddhas, et cela jusqu'à
leur ruine.

Lutte, échec, nouvelle lutte, nouvel échec, nouvelle lutte encore,
et cela jusqu'à la victoire — telle est la logique du peuple, et
lui non plus, il n'ira jamais contre cette logique. C'est encore
une loi marxiste. La révolution du peuple russe a suivi cette loi,
il en est de même de la révolution du peuple chinois.

> « Rejetez vos illusions et préparez-vous
> à la lutte » (14 août 1949), *Œuvres choisies
> de Mao Tsé-toung*, tome iv.

La victoire ne doit en aucune façon nous faire relâcher notre
vigilance à l'égard des complots insensés des impérialistes et de
leurs valets qui cherchent à prendre leur revanche. Quiconque
relâchera sa vigilance se trouvera désarmé politiquement et réduit
à une position passive.

> « Allocution au Comité préparatoire de
> la nouvelle Conférence consultative poli-
> tique » (15 juin 1949), *Œuvres choisies de
> Mao Tsé-toung*, tome iv.

Les impérialistes et leurs valets, les réactionnaires chinois, ne se résigneront pas à leur défaite sur cette terre de Chine. Ils continueront à agir de connivence pour s'opposer au peuple chinois par tous les moyens possibles. Par exemple, ils enverront leurs agents s'infiltrer jusque dans l'intérieur de la Chine pour y semer la discorde et susciter des désordres. Il est certain qu'ils ne renonceront jamais à ces activités. Ou bien encore, les impérialistes inciteront les réactionnaires chinois à bloquer les ports de Chine, en leur prêtant même le concours de leurs propres forces. Ils le feront aussi longtemps que cela leur sera possible. De plus, s'ils veulent se lancer dans de nouvelles aventures, ils enverront des troupes faire des incursions dans nos régions frontières, ce qui n'est pas impossible non plus. Il nous faut tenir pleinement compte de tout cela.

> « Allocution au Comité préparatoire de la nouvelle Conférence consultative politique » (15 juin 1949), *Œuvres choisies de Mao Tsé-toung*, tome IV.

Le monde progresse, l'avenir est radieux, personne ne peut changer ce courant général de l'histoire. Nous devons constamment faire connaître au peuple les progrès du monde et son avenir lumineux, afin d'aider le peuple à prendre confiance en la victoire.

> « Sur les négociations de Tchongking » (17 octobre 1945), *Œuvres choisies de Mao Tsé-toung*, tome IV.

Les commandants et les combattants de l'Armée populaire de Libération ne doivent en aucune façon relâcher leur volonté de combat; toute pensée qui tend à relâcher la volonté de combat ou à sous-estimer l'ennemi est erronée.

> « Rapport à la deuxième session plénière du Comité central issu du VIIe Congrès du Parti communiste chinois » (5 mars 1949), *Œuvres choisies de Mao Tsé-toung*, tome IV.

CHAPITRE VI L'impérialisme et tous les
réactionnaires sont des
tigres en papier

Tous les réactionnaires sont des tigres en papier. En apparence,
ils sont terribles, mais en réalité, ils ne sont pas si puissants.
A envisager les choses du point de vue de l'avenir, c'est le peuple
qui est vraiment puissant, et non les réactionnaires.

> « Entretien avec la journaliste américaine
> Anna Louise Strong » (Août 1946), *Œuvres
> choisies de Mao Tsé-toung*, tome IV.

De même qu'il n'y a aucune chose au monde dont la nature
ne soit double (c'est la loi de l'unité des contraires), de même
l'impérialisme et tous les réactionnaires ont une double nature —
ils sont de vrais tigres et en même temps des tigres en papier.
Dans le passé, la classe des propriétaires d'esclaves, la classe
féodale des propriétaires fonciers et la bourgeoisie furent, avant
leur conquête du pouvoir et quelque temps après, pleines de vita-
lité, révolutionnaires et progressistes; c'étaient de vrais tigres.
Mais, dans la période postérieure, comme leurs antagonistes —
la classe des esclaves, la paysannerie et le prolétariat — grandis-
saient et engageaient la lutte contre elles, une lutte de plus en plus
violente, ces classes régnantes se sont transformées peu à peu en
leur contraire, sont devenues réactionnaires, rétrogrades, des
tigres en papier. Et, en fin de compte, elles ont été renversées par
le peuple ou le seront un jour. Même dans la lutte à outrance que
leur livrait le peuple, ces classes réactionnaires, rétrogrades, déca-
dentes avaient encore leur double nature. En un sens, elles étaient
de vrais tigres; elles dévoraient les gens, les dévoraient par millions
et par dizaines de millions. La lutte populaire traversait une
période de difficultés et d'épreuves, et son chemin faisait bien des

tours et détours. Le peuple chinois a dû consacrer plus de cent ans à la lutte pour liquider la domination en Chine de l'impérialisme, du féodalisme et du capitalisme bureaucratique, et donner des dizaines de millions de vies humaines, avant de parvenir à la victoire en 1949. Voyez, n'étaient-ce pas des tigres vivants, des tigres de fer, de vrais tigres? Mais, en fin de compte, ils sont devenus des tigres en papier, des tigres morts, des tigres en fromage de soya. Ce sont là des faits historiques. Est-ce qu'on ne les a pas vus, est-ce qu'on n'en a pas entendu parler? En vérité, il y en a eu des milliers et des dizaines de milliers! Des milliers et des dizaines de milliers! Ainsi, considérés dans leur essence, du point de vue de l'avenir et sous l'angle stratégique, l'impérialisme et tous les réactionnaires doivent être tenus pour ce qu'ils sont : des tigres en papier. C'est là-dessus que se fonde notre pensée stratégique. D'autre part, ils sont aussi des tigres vivants, des tigres de fer, de vrais tigres; ils mangent les hommes. C'est là-dessus que se fonde notre pensée tactique.

> Intervention à la réunion de Woutchang du Bureau politique du Comité central du Parti communiste chinois (1er décembre 1958). Cité dans la note introductive au texte « Entretien avec la journaliste américaine Anna Louise Strong », *Œuvres choisies de Mao Tsé-toung*, tome IV.

J'ai dit que tous les réactionnaires réputés puissants n'étaient en réalité que des tigres en papier. Pour la bonne raison qu'ils sont coupés du peuple. Eh bien, Hitler n'était-il pas un tigre en papier? Hitler n'a-t-il pas été jeté à bas? J'ai dit aussi que le tsar en était un, de même que l'empereur de Chine, ainsi que l'impérialisme japonais. Vous voyez bien, tous ont été abattus. L'impérialisme américain ne l'est pas encore et il a, de plus, la bombe atomique; mais, à mon avis, il tombera lui aussi, il est également un tigre en papier.

> Intervention à la Conférence de Moscou des Partis communistes et ouvriers (18 novembre 1957).

Un proverbe chinois qualifie l'action de certains sots en disant qu'« ils soulèvent une pierre pour se la laisser retomber sur les pieds ». Les réactionnaires de tous les pays sont justement de ces sots. Les répressions de toutes sortes qu'ils exercent contre le peuple révolutionnaire ne peuvent finalement que le pousser à étendre et à intensifier la révolution. Les diverses répressions auxquelles se sont livrés le tsar et Tchiang Kaï-chek n'ont-elles pas justement joué ce rôle de stimulant dans les grandes révolutions russe et chinoise?

> « Intervention à la réunion du Soviet suprême de l'U. R. S. S. pour la célébration du 40e anniversaire de la Grande Révolution socialiste d'Octobre » (6 novembre 1957).

L'impérialisme américain occupe notre territoire de Taïwan depuis neuf ans, et tout récemment encore, il a envoyé ses forces armées occuper le Liban. Les États-Unis ont établi des centaines de bases militaires réparties dans de nombreux pays, à travers le monde entier. Cependant, le territoire chinois de Taïwan, le Liban ainsi que toutes les bases militaires américaines à l'étranger sont autant de cordes de potence passées au cou de l'impérialisme américain. Ce sont les Américains eux-mêmes, et personne d'autre, qui fabriquent ces cordes et se les mettent au cou, donnant l'autre bout de la corde au peuple chinois, aux peuples arabes et à tous les peuples du monde épris de paix et en lutte contre l'agression. Plus les agresseurs américains s'attarderont en ces lieux, plus se resserreront les cordes qui leur étreignent la gorge.

> Allocution à la Conférence suprême d'Etat (8 septembre 1958).

Les impérialistes n'en ont plus pour longtemps, car ils commettent tous les méfaits possibles. Ils se font une spécialité de soutenir les réactionnaires hostiles au peuple dans les différents pays. Ils occupent beaucoup de colonies, semi-colonies et bases militaires.

Ils menacent la paix d'une guerre atomique. Ce qui fait que plus de 90 pour cent de la population du monde se dressent ou vont se dresser en masse contre eux. Les impérialistes sont encore vivants ; ils continuent à faire régner l'arbitraire en Asie, en Afrique et en Amérique latine. En Occident, ils oppriment encore les masses populaires de leurs pays respectifs. Cette situation doit changer. Il appartient aux peuples du monde entier de mettre fin à l'agression et à l'oppression de l'impérialisme, et principalement de l'impérialisme américain.

> Entretien avec un journaliste de l'Agence Hsinhua (29 septembre 1958).

L'impérialisme américain dicte partout sa loi, s'est mis dans une position hostile aux peuples du monde entier et s'isole de plus en plus. Les bombes A et H qu'il détient ne sauraient intimider ceux qui refusent d'être esclaves. Il est impossible d'endiguer le flot de colère des peuples contre les agresseurs américains. La lutte des peuples du monde contre l'impérialisme américain et ses laquais remportera à coup sûr des victoires plus grandes encore.

> « Déclaration pour soutenir la juste lutte patriotique du peuple panamien contre l'impérialisme américain » (12 janvier 1964).

Si les groupes de capitalistes monopoleurs américains persistent dans leur politique d'agression et de guerre, le jour viendra inévitablement où ils seront pendus par tous les peuples du monde. Le même sort attend les complices des États-Unis.

> Allocution à la Conférence suprême d'Etat (8 septembre 1958).

Pour combattre l'ennemi, nous avons formé, au cours d'une longue période, ce concept, à savoir que, du point de vue stratégique, nous devons mépriser tous les ennemis, et, du point de vue tactique, en tenir pleinement compte. En d'autres termes, nous devons mépriser l'ennemi dans son ensemble, mais en tenir sérieusement compte en ce qui concerne chaque question concrète. Si nous ne méprisons pas l'ennemi dans son ensemble, nous tomberons dans l'opportunisme. Marx et Engels n'étaient que deux, pourtant ils affirmaient déjà que le capitalisme serait renversé dans le monde entier. Mais sur les questions concrètes et sur les questions se rapportant à chaque ennemi particulier, si nous ne tenons pas suffisamment compte de l'ennemi, nous tomberons dans l'aventurisme. Dans la guerre, les batailles ne peuvent être livrées qu'une à une et les forces ennemies ne peuvent être anéanties qu'unité par unité. Les usines ne peuvent être bâties qu'une par une. Un paysan ne peut labourer la terre que parcelle par parcelle. Il en est de même pour les repas. Stratégiquement, prendre un repas ne nous fait pas peur : nous pourrons en venir à bout. Pratiquement, nous mangeons bouchée par bouchée. Il nous serait impossible d'avaler le repas entier d'un seul coup. C'est ce qu'on appelle la solution un par un. Et en langage militaire, cela s'appelle écraser l'ennemi unité par unité.

> Intervention à la Conférence de Moscou des Partis communistes et ouvriers (18 novembre 1957).

J'estime que la situation internationale est arrivée à un nouveau tournant. Il y a maintenant deux vents dans le monde : le vent d'est et le vent d'ouest. Selon un dicton chinois, « ou bien le vent d'est l'emporte sur le vent d'ouest, ou c'est le vent d'ouest qui l'emporte sur le vent d'est ». A mon avis, la caractéristique de la situation actuelle est que le vent d'est l'emporte sur le vent d'ouest, ce qui signifie que les forces socialistes ont acquis une supériorité écrasante sur les forces de l'impérialisme.

> Intervention à la Conférence de Moscou des Partis communistes et ouvriers (18 novembre 1957).

Oser lutter, oser vaincre

Peuples du monde, unissez-vous, pour abattre les agresseurs
américains et leurs laquais! Que les peuples n'écoutent que leur
courage, qu'ils osent livrer combat, qu'ils bravent les difficultés,
qu'ils avancent par vagues successives, et le monde entier leur
appartiendra. Les monstres seront tous anéantis.

> « Déclaration pour soutenir le peuple du
> Congo (L) contre l'agression américaine »
> (28 novembre 1964).

Ayant fait une appréciation lucide de la situation internationale
et intérieure en se fondant sur la science du marxisme-léninisme,
le Parti communiste chinois acquit la conviction que toutes les
attaques des réactionnaires de l'intérieur et de l'extérieur non
seulement devaient être, mais pouvaient être écrasées. Lorsque des
nuages ont assombri le ciel, nous avons fait remarquer que ces
ténèbres n'étaient que temporaires, qu'elles se dissiperaient
bientôt et que le soleil brillerait sous peu.

> « La Situation actuelle et nos tâches »
> (25 décembre 1947), *Œuvres choisies de
> Mao Tsé-toung*, tome IV.

Dans l'histoire de l'humanité, toute force réactionnaire au
seuil de sa perte se lance nécessairement, dans un ultime sursaut,
contre les forces de la révolution; et souvent, des révolutionnaires
sont un moment induits en erreur par cette force apparente qui

dissimule la faiblesse intérieure, ils ne voient pas ce fait essentiel que l'ennemi approche de sa fin et qu'eux-mêmes sont près de la victoire.

> « Le Tournant de la Seconde guerre mondiale » (12 octobre 1942), *Œuvres choisies de Mao Tsé-toung*, tome III.

S'il [le Kuomintang] tient à se battre, nous l'anéantirons définitivement. Voici comment les choses se présentent : il nous attaque, nous le détruisons, et le voilà satisfait, en partie satisfait s'il est détruit en partie, satisfait davantage s'il est détruit davantage, entièrement satisfait s'il est détruit entièrement. Les problèmes de la Chine sont complexes et il nous faut aussi avoir quelque complexité dans la cervelle. Si l'on vient pour se battre, nous nous battrons. Nous nous battrons pour gagner la paix.

> « Sur les négociations de Tchong-king » (17 octobre 1945), *Œuvres choisies de Mao Tsé-toung*, tome IV.

En cas d'attaque de l'ennemi, pour autant que les conditions permettent de le battre, notre Parti prendra à coup sûr la position de légitime défense pour l'anéantir résolument, radicalement, intégralement, totalement (n'engageons pas de combat à la légère, ne nous battons que si nous sommes sûrs de vaincre). En aucune façon, nous ne devons nous laisser intimider par l'aspect terrifiant des réactionnaires.

> « Circulaire du Comité central du Parti communiste chinois sur les négociations de paix avec le Kuomintang » (26 août 1945), *Œuvres choisies de Mao Tsé-toung*, tome IV.

Pour autant qu'il s'agit de nos propres désirs, nous ne demandons pas à nous battre, même un seul jour. Mais si les circonstances nous y obligent, nous pouvons nous battre jusqu'au bout.

« Entretien avec la journaliste américaine Anna Louise Strong » (Août 1946), *Œuvres choisies de Mao Tsé-toung*, tome IV.

Nous sommes pour la paix. Mais tant que l'impérialisme américain ne renonce pas à ses exigences arbitraires et insensées et à ses machinations pour étendre l'agression, le peuple chinois ne peut avoir qu'une seule résolution, celle de poursuivre son combat aux côtés du peuple coréen. Ce n'est pas que nous soyons belliqueux; nous sommes disposés à arrêter immédiatement la guerre et à régler ultérieurement les autres questions. Mais l'impérialisme américain ne le veut pas. Alors, que la guerre continue! Nous sommes prêts à nous battre avec l'impérialisme américain autant d'années qu'il le voudra, jusqu'au moment où il ne pourra plus continuer, jusqu'à la victoire complète des peuples chinois et coréen.

Allocution à la quatrième session du 1er Comité national de la Conférence consultative politique du Peuple chinois (7 février 1953).

Nous devons bannir de nos rangs toute idéologie faite de faiblesse et d'impuissance. Tout point de vue qui surestime la force de l'ennemi et sous-estime la force du peuple est faux.

« La Situation actuelle et nos tâches » (25 décembre 1947), *Œuvres choisies de Mao Tsé-toung*, tome IV.

Les peuples et nations opprimés ne doivent absolument pas s'en remettre, pour leur émancipation, à la « sagesse » de l'impérialisme et de ses laquais. C'est seulement en renforçant leur unité et en persévérant dans la lutte qu'ils triompheront.

> « Déclaration contre l'agression au Sud-Vietnam et les massacres de la population sud-vietnamienne par la clique Etats-Unis -Ngo Dinh Diem » (29 août 1963).

Quel que soit le moment où éclatera la guerre civile à l'échelle nationale, nous devons nous tenir prêts. Pour le cas où elle arriverait tôt, mettons demain matin, nous devons aussi être prêts. C'est là le premier point. En raison de la situation internationale et intérieure actuelle, il est possible que la guerre civile reste circonscrite pendant un temps et qu'elle garde provisoirement un caractère local. C'est le deuxième point. Le point un, c'est ce à quoi nous nous préparons ; le point deux, c'est ce qui existe depuis longtemps. Bref, tenons-nous prêts. Étant prêts, nous pourrons faire face, comme il convient, à toutes les situations, si complexes soient-elles.

> « La situation et notre politique après la victoire dans la Guerre de Résistance contre le Japon » (13 août 1945), *Œuvres choisies de Mao Tsé-toung*, tome IV.

CHAPITRE VIII   La guerre populaire

La guerre révolutionnaire, c'est la guerre des masses populaires; on ne peut la faire qu'en mobilisant les masses, qu'en s'appuyant sur elles.

> « Soucions-nous davantage des conditions de vie des masses et portons plus d'attention à nos méthodes de travail » (27 janvier 1934), *Œuvres choisies de Mao Tsétoung*, tome I.

Quelle est la muraille vraiment indestructible? Ce sont les masses, les millions et les millions d'hommes qui, de tout leur cœur, de toutes leurs pensées, soutiennent la révolution. La voilà, la véritable muraille qu'aucune force ne pourra jamais détruire. La contre-révolution ne pourra nous briser; c'est nous qui la briserons. Quand nous aurons rassemblé des millions et des millions d'hommes autour du gouvernement révolutionnaire et développé notre guerre révolutionnaire, nous saurons anéantir toute contre-révolution et nous rendre maîtres de la Chine entière.

> « Soucions-nous davantage des conditions de vie des masses et portons plus d'attention à nos méthodes de travail » (27 janvier 1934), *Œuvres choisies de Mao Tsétoung*, tome I.

Les grandes forces de la guerre ont leurs sources profondes dans les masses populaires. C'est avant tout parce que les masses du peuple chinois sont inorganisées que le Japon s'est enhardi à nous malmener. Que nous surmontions cette insuffisance, et l'envahisseur japonais se trouvera, devant les centaines de millions d'hommes du peuple chinois soulevés, dans la même situation que le buffle sauvage devant un mur de feu : il nous suffira de pousser un cri dans sa direction pour que, de terreur, il se jette dans le feu et soit brûlé vif.

> « De la guerre prolongée » (Mai 1938),
> *Œuvres choisies de Mao Tsé-toung*, tome II.

Les impérialistes nous malmènent à tel point qu'il faut prendre des mesures sérieuses à leur égard. Non seulement il nous faut une puissante armée régulière, mais encore il importe de mettre partout sur pied des divisions de la milice populaire. Ainsi, l'impérialisme se verra privé de toute liberté d'action s'il envahit notre pays.

> Entretien avec un journaliste de l'Agence
> Hsinhua (29 septembre 1958).

Du point de vue de la guerre révolutionnaire considérée dans son ensemble, la guerre populaire de partisans et les opérations de l'Armée rouge en tant que forces principales se complètent comme les deux mains de l'homme. N'avoir que les forces principales constituées par l'Armée rouge sans la guerre populaire de partisans, ce serait ne combattre que d'une main. En termes concrets, et en particulier au point de vue des opérations militaires, lorsque nous parlons de la population des bases d'appui comme de l'un des éléments de la guerre, c'est du peuple en armes qu'il s'agit. Là est la raison principale pour laquelle l'adversaire estime dangereux de s'aventurer à l'intérieur de nos bases d'appui.

> « Problèmes stratégiques de la guerre révolutionnaire en Chine » (Décembre 1936).
> *Œuvres choisies de Mao Tsé-toung*, tome I.

Il est certain que l'issue de la guerre est principalement déterminée par les conditions militaires, politiques, économiques et naturelles dans lesquelles se trouvent les deux parties en conflit. Néanmoins, ce n'est pas tout; l'issue de la guerre est également déterminée par la capacité subjective des deux parties dans la conduite de la guerre. Un chef militaire ne peut espérer arracher la victoire en allant au-delà des limites imposées par les conditions matérielles, mais il peut et il doit lutter pour la victoire dans les limites mêmes de ces conditions. La scène où se déroulent ses activités est bâtie sur les conditions matérielles objectives, mais il peut, sur cette scène, conduire des actions magnifiques, d'une grandeur épique.

« Problèmes stratégiques de la guerre révolutionnaire en Chine » (Décembre 1936), *Œuvres choisies de Mao Tsé-toung*, tome I.

La guerre n'a d'autre but que « de conserver ses forces et d'anéantir celles de l'ennemi » (anéantir les forces de l'ennemi, c'est les désarmer, « les priver de toute capacité de résistance », et non pas les anéantir toutes physiquement). Dans l'antiquité, on se servait, pour faire la guerre, de lances et de boucliers : la lance servait à attaquer et à anéantir l'ennemi, le bouclier à se défendre et à se conserver soi-même. Jusqu'à nos jours, c'est du développement de ces deux types d'armes que résultent toutes les autres. Les bombardiers, les mitrailleuses, l'artillerie à longue portée, les gaz toxiques sont des développements de la lance, et les abris, les casques d'acier, les fortifications bétonnées, les masques à gaz, des développements du bouclier. Les chars d'assaut sont une nouvelle arme, où se trouvent combinés la lance et le bouclier. L'attaque est le moyen principal pour anéantir les forces de l'ennemi, mais l'on ne saurait se passer de la défense. L'attaque vise à anéantir directement les forces de l'ennemi, et en même temps à conserver ses propres forces, car si l'on n'anéantit pas l'ennemi, c'est lui qui vous anéantira. La défense

sert directement à la conservation des forces, mais elle est en
même temps un moyen auxiliaire de l'attaque ou un moyen de
préparer le passage à l'attaque. La retraite se rapporte à la défense,
elle en est le prolongement, tandis que la poursuite est la continuation de l'attaque. Il est à noter que, parmi les buts de la guerre,
l'anéantissement des forces de l'ennemi est le but principal, et la
conservation de ses propres forces le but secondaire, car on ne
peut assurer efficacement la conservation de ses forces qu'en
anéantissant massivement les forces de l'ennemi. Il en résulte
que l'attaque, en tant que moyen fondamental pour anéantir
les forces de l'ennemi, joue le rôle principal et que la défense,
en tant que moyen auxiliaire pour anéantir les forces de l'ennemi
et en tant que l'un des moyens pour conserver ses propres forces,
joue le rôle secondaire. Bien qu'en pratique on recoure dans
beaucoup de situations surtout à la défense et, dans les autres,
surtout à l'attaque, celle-ci n'en reste pas moins le moyen principal, si l'on considère le déroulement de la guerre dans son
ensemble.

> « De la guerre prolongée » (Mai 1938),
> *Œuvres choisies de Mao Tsé-toung*, tome II.

Les règles de l'action militaire découlent toutes d'un seul
principe fondamental : s'efforcer de conserver ses forces et
d'anéantir celles de l'ennemi. ... Mais alors, comment expliquer
l'honneur que l'on attache au sacrifice héroïque dans la guerre?
Chaque guerre demande des sacrifices, parfois même des sacrifices énormes. Cela ne serait-il pas en contradiction avec le
principe de la conservation des forces? En réalité, il n'y a là
aucune contradiction; ce sont, plus exactement, deux aspects
contradictoires qui se conditionnent l'un l'autre. C'est que les
sacrifices sont indispensables non seulement pour anéantir les
forces de l'ennemi, mais aussi pour conserver les siennes propres;
ce renoncement partiel et temporaire à conserver ses forces
(les sacrifices, ou, en d'autres termes, le prix à payer) est
précisément indispensable pour conserver définitivement l'ensemble des forces. Du principe fondamental exposé ci-dessus

découle toute la série des règles nécessaires à la conduite des opérations militaires, à commencer par celles du tir (se couvrir soi-même et exploiter sa puissance de feu : l'un pour conserver ses forces, l'autre pour anéantir les forces de l'ennemi), et jusqu'à celles de la stratégie, toutes sont inspirées de ce principe fondamental, et toutes sont destinées à en permettre la réalisation, qu'elles se rapportent à la technique militaire, à la tactique, aux campagnes ou à la stratégie. Conserver ses forces et anéantir celles de l'ennemi, tel est le principe fondamental de toutes les règles de la guerre.

« Problèmes stratégiques de la guerre de partisans contre le Japon » (Mai 1938), *Œuvres choisies de Mao Tsé-toung*, tome II.

Voici nos principes militaires :

1. Attaquer d'abord les forces ennemies dispersées et isolées, et ensuite les forces ennemies concentrées et puissantes.

2. S'emparer d'abord des villes petites et moyennes et des vastes régions rurales, et ensuite des grandes villes.

3. Se fixer pour objectif principal l'anéantissement des forces vives de l'ennemi, et non pas la défense ou la prise d'une ville ou d'un territoire. La possibilité de garder ou de prendre une ville ou un territoire résulte de l'anéantissement des forces vives de l'ennemi, et souvent une ville ou un territoire ne peuvent être tenus ou pris définitivement qu'après avoir changé de mains à plusieurs reprises.

4. A chaque bataille, concentrer des forces d'une supériorité absolue (deux, trois, quatre et parfois même cinq ou six fois celles de l'ennemi), encercler complètement les forces ennemies, s'efforcer de les anéantir totalement, sans leur donner la possibilité de s'échapper du filet. Dans des cas particuliers, infliger à l'ennemi des coups écrasants, c'est-à-dire concentrer toutes nos forces pour une attaque de front et une attaque sur l'un des flancs de l'ennemi ou sur les deux, anéantir une partie de ses troupes et mettre l'autre partie en déroute, afin que notre armée puisse déplacer rapidement ses forces pour écraser d'autres

troupes ennemies. S'efforcer d'éviter les batailles d'usure dans lesquelles les gains sont inférieurs aux pertes ou les compensent seulement. Ainsi, bien que dans l'ensemble nous soyons (numériquement parlant) en état d'infériorité, nous avons la supériorité absolue dans chaque secteur déterminé, dans chaque bataille, et ceci nous assure la victoire sur le plan opérationnel. Avec le temps, nous obtiendrons la supériorité dans l'ensemble et finalement nous anéantirons toutes les forces ennemies.

5. Ne pas engager de combat sans préparation, ou un combat dont l'issue victorieuse ne soit pas certaine. Faire les plus grands efforts pour se bien préparer à chaque engagement et pour s'assurer la victoire dans un rapport de conditions donné entre l'ennemi et nous.

6. Mettre pleinement en œuvre notre style de combat — bravoure, esprit de sacrifice, mépris de la fatigue et ténacité dans les combats continus (engagements successifs livrés en un court laps de temps et sans prendre de repos).

7. S'efforcer d'anéantir l'ennemi en recourant à la guerre de mouvement. En même temps, donner son importance à la tactique d'attaque de positions dans le but de s'emparer des points fortifiés et des villes de l'ennemi.

8. En ce qui concerne l'attaque des villes, s'emparer résolument de tous les points fortifiés et de toutes les villes faiblement défendus par l'ennemi. S'emparer au moment propice de tous les points fortifiés et de toutes les villes modérément défendus par l'ennemi, à condition que les circonstances le permettent. Quant aux points fortifiés et villes de l'ennemi puissamment défendus, attendre que les conditions soient mûres, et alors les prendre.

9. Compléter nos forces à l'aide de toutes les armes et de la plus grande partie des effectifs pris à l'ennemi. Les sources principales d'hommes et de matériel pour notre armée sont au front.

10. Savoir mettre à profit l'intervalle entre deux campagnes pour reposer, instruire et consolider nos troupes. Les périodes de repos, d'instruction et de consolidation ne doivent pas, en général, être très longues, et, autant que possible, il ne faut pas laisser à l'ennemi le temps de reprendre haleine.

Telles sont les principales méthodes appliquées par l'Armée populaire de Libération pour battre Tchiang Kaï-chek. Elles ont été forgées par l'Armée populaire de Libération au cours de longues années de combats contre les ennemis intérieurs et extérieurs et elles conviennent parfaitement à nos conditions actuelles. ... Notre stratégie et notre tactique reposent sur la guerre populaire ; aucune armée opposée au peuple ne peut utiliser notre stratégie et notre tactique.

« La Situation actuelle et nos tâches »
(25 décembre 1947), *Œuvres choisies de
Mao Tsé-toung*, tome IV.

Sans préparation, la supériorité des forces n'est pas une véritable supériorité et on ne peut pas non plus avoir l'initiative. Si l'on comprend cette vérité, des troupes, inférieures en force mais prêtes, peuvent souvent, par une attaque inopinée, battre un ennemi supérieur.

« De la guerre prolongée » (Mai 1938),
Œuvres choisies de Mao Tsé-toung, tome II.

CHAPITRE IX

L'armée populaire

Sans armée populaire, le peuple n'aurait rien.

> « Du gouvernement de coalition » (24 avril
> 1945), *Œuvres choisies de Mao Tsé-toung*,
> tome III.

Cette armée est forte parce que les hommes qui la composent
obéissent à une discipline consciente; ils se sont unis et luttent
non pour les intérêts d'une poignée de gens ou d'un groupe
restreint, mais pour les intérêts des larges masses populaires, pour
les intérêts de la nation tout entière. Se tenir fermement aux côtés
du peuple chinois, servir de tout cœur le peuple chinois, tel est
l'unique dessein de cette armée.

> « Du gouvernement de coalition »
> (24 avril 1945), *Œuvres choisies de Mao
> Tsé-toung*, tome III.

L'Armée rouge chinoise est une organisation armée chargée
d'exécuter les tâches politiques de la révolution. Dans la période
actuelle en particulier, l'Armée rouge ne se limite pas aux seules
activités militaires; outre les combats qu'elle doit livrer pour
anéantir les forces armées de l'adversaire, elle assume encore
nombre d'autres tâches importantes : la propagande parmi les
masses, l'organisation des masses, l'armement des masses, l'aide
donnée aux masses pour créer le pouvoir révolutionnaire, et même
l'établissement des organisations du Parti communiste. L'Armée
rouge ne fait pas la guerre pour la guerre, elle la fait dans le but
de mener la propagande parmi les masses, d'organiser les masses,

de les armer, de les aider à créer le pouvoir révolutionnaire;
sans ces objectifs, la guerre n'aurait plus de sens, et l'Armée rouge
plus de raison d'être.

> « L'Elimination des conceptions erronées
> dans le Parti » (Décembre 1929), *Œuvres
> choisies de Mao Tsé-toung*, tome I.

L'Armée populaire de Libération sera toujours une force
combattante. Même après la victoire sur le plan national, pendant la période historique où les classes n'auront pas été supprimées dans notre pays et où le système impérialiste continuera
à exister dans le monde, notre armée restera une force combattante. Il ne doit y avoir aucun malentendu, aucun flottement sur
ce point.

> « Rapport à la deuxième session plénière
> du Comité central issu du VIIe Congrès du
> Parti communiste chinois » (5 mars 1949),
> *Œuvres choisies de Mao Tsé-toung*, tome IV.

Nous avons une armée combattante et une armée du travail.
L'armée combattante, formée de la VIIIe Armée de Route et de
la Nouvelle IVe Armée, doit être utilisée pour une double tâche :
combattre et produire. Disposant ainsi de deux armées dont l'une,
l'armée combattante, est capable d'assumer cette double tâche et,
en plus, de travailler parmi les masses, nous pouvons vaincre les
difficultés et abattre l'impérialisme japonais.

> « Organisez-vous! » (29 novembre 1943),
> *Œuvres choisies de Mao Tsé-toung*, tome III.

Notre défense nationale sera renforcée et nous ne permettrons
pas aux impérialistes, quels qu'ils soient, d'envahir de nouveau
notre territoire. Nos forces armées populaires doivent être main-
tenues et se développer sur la base de l'héroïque Armée populaire

de Libération, qui a fait ses preuves. Nous aurons non seulement une puissante armée de terre, mais encore une puissante aviation et une puissante marine de guerre.

> Allocution d'ouverture à la première session plénière de la Conférence consultative politique du Peuple chinois (21 septembre 1949).

Notre principe, c'est : le Parti commande aux fusils, et il est inadmissible que les fusils commandent au Parti.

> « Problèmes de la guerre et de la stratégie » (6 novembre 1938), *Œuvres choisies de Mao Tsé-toung*, tome II.

Tous nos officiers et soldats doivent toujours avoir présent à l'esprit que nous sommes la grande Armée populaire de Libération, les troupes dirigées par le grand Parti communiste chinois. A condition que nous observions constamment les directives du Parti, nous sommes sûrs de la victoire.

> « Manifeste de l'Armée populaire de Libération de Chine » (Octobre 1947), *Œuvres choisies de Mao Tsé-toung*, tome IV.

CHAPITRE X

Le rôle dirigeant des comités
du parti

Le système du comité du Parti est une importante institution
du Parti pour assurer la direction collective et empêcher qu'une
seule personne n'accapare la conduite du travail. Or, on a constaté récemment que, dans certains de nos organes dirigeants
(évidemment pas dans tous), il est de pratique courante qu'une
seule personne accapare la conduite du travail et prenne les décisions sur des problèmes importants. Ce n'est pas la réunion du
comité du Parti qui décide des solutions à donner à d'importants
problèmes, mais une seule personne, et les membres du comité
du Parti ne sont là que pour la forme. Les divergences de vues
entre les membres du comité ne peuvent être résolues et sont lais-
sées longtemps en suspens. Les membres du comité du Parti ne
maintiennent entre eux qu'une unité de forme et non de fond. Il
faut changer cet état de choses. Désormais, il faut qu'un bon
système de réunions du comité du Parti soit établi partout, des
bureaux du Comité central aux comités préfectoraux, des comités
de front aux comités de brigade et aux régions militaires (sous-
commissions de la Commission militaire révolutionnaire du Parti
ou groupes de dirigeants) ainsi qu'aux groupes dirigeants du Parti
dans les organes gouvernementaux et les organisations populaires,
dans l'agence d'information et les journaux. Tous les problèmes
importants (évidemment pas les questions sans conséquence ni
les problèmes dont la solution, discutée en réunion, a déjà fait
l'objet d'une décision qui ne demande plus qu'à être exécutée)
doivent être soumis au comité pour discussion; il faut que les
membres présents expriment leurs vues sans réserve et arrivent à
des décisions précises, dont l'exécution sera assurée respective-
ment par les membres intéressés... Les réunions d'un comité du

Parti doivent être de deux sortes : réunions du comité permanent et réunions en séance plénière, et il ne faut pas les confondre. De plus, retenons ceci : la direction collective et la responsabilité personnelle sont également indispensables, il ne faut négliger ni l'une ni l'autre. Dans l'armée, pendant les opérations ou quand les circonstances l'exigent, les chefs responsables ont le droit de prendre des décisions d'urgence.

> « Raffermir le système du comité du Parti »
> (20 septembre 1948), *Œuvres choisies de Mao Tsé-toung*, tome IV.

Le secrétaire d'un comité du Parti doit savoir être un bon « chef d'escouade ». Un comité du Parti a de dix à vingt membres; il est comparable à une escouade dans l'armée, et le secrétaire est comme le « chef d'escouade ». Bien conduire cette escouade n'est certes pas facile. Actuellement, chacun des bureaux ou des sous-bureaux du Comité central a une vaste région sous sa direction et assume de très lourdes tâches. Diriger, ce n'est pas seulement déterminer l'orientation générale et les mesures particulières d'une politique, c'est aussi élaborer de justes méthodes de travail. Même si l'orientation générale et les mesures particulières sont justes, des problèmes peuvent encore se poser si l'on ne prête pas assez d'attention aux méthodes de travail. Pour accomplir sa tâche, qui est de diriger, un comité du Parti doit compter sur les hommes de « l'escouade » et les mettre à même de jouer pleinement leur rôle. Pour être un bon « chef d'escouade », il faut que le secrétaire étudie sans relâche et examine les questions à fond. Un secrétaire ou un secrétaire adjoint arrivera difficilement à diriger comme il faut les hommes de son « escouade » s'il ne prend pas soin de faire du travail de propagande et d'organisation parmi eux, ne sait pas entretenir de bons rapports avec les membres du comité ou n'étudie pas les moyens de conduire avec succès une réunion. Si tous les hommes de « l'escouade » ne marchent pas du même pas, ils ne peuvent compter diriger des millions de gens dans le combat et l'édification. Bien entendu, les relations entre le secrétaire et les membres du comité sont de celles où la minorité doit se soumettre à la majorité, elles sont donc différentes des relations entre un chef d'escouade et ses hommes. Nous n'avons parlé ici que par analogie.

> « Méthodes de travail des comités du Parti » (13 mars 1949), *Œuvres choisies de Mao Tsé-toung*, tome IV.

Mettez les problèmes sur le tapis. C'est ce que doivent faire non seulement le « chef d'escouade », mais aussi les membres du comité. Ne faites pas de critique par derrière. Dès qu'un problème se pose, convoquez une réunion, mettez-le sur le tapis, discutez-le, prenez des décisions, et le problème sera résolu. Si des problèmes existent, mais ne sont pas mis sur le tapis, ils resteront longtemps sans solution, et pourront même traîner des années durant. Le « chef d'escouade » et les membres du comité doivent se montrer compréhensifs dans leurs relations mutuelles. Il n'y a rien de plus important que la compréhension, le soutien et l'amitié entre le secrétaire et les membres du comité, entre le Comité central et ses bureaux ainsi qu'entre les bureaux du Comité central et les comités de territoire du Parti.

> « Méthodes de travail des comités du Parti » (13 mars 1949), *Œuvres choisies de Mao Tsé-toung*, tome IV.

« Échangez des informations ». Autrement dit, les membres d'un comité du Parti doivent se tenir mutuellement au courant et échanger leurs points de vue sur les choses qui sont parvenues à leur connaissance. Cela est fort important pour trouver un langage commun. Or, certains ne le font pas, et, comme l'a dit Laotse, « ils ne se fréquentent pas de leur vie, bien que les coqs qui chantent et les chiens qui aboient chez les uns puissent être entendus chez les autres ». Il en résulte que le langage commun leur fait défaut.

> « Méthodes de travail des comités du Parti » (13 mars 1949), *Œuvres choisies de Mao Tsé-toung*, tome IV.

Consultez les camarades des échelons inférieurs sur ce que vous ne comprenez pas ou ne connaissez pas, et n'exprimez pas à la légère votre approbation ou votre désapprobation. ... Il ne faut jamais prétendre connaître ce qu'on ne connaît pas et « il ne faut pas avoir honte de consulter ses inférieurs », mais savoir prêter l'oreille aux avis des cadres des échelons inférieurs. Soyez élèves avant d'être maîtres ; consultez les cadres des échelons inférieurs avant d'émettre des ordres. ... Dans ce que disent les cadres des échelons inférieurs, il y a du juste et du faux ; nous devons en faire l'analyse. Les idées justes, nous devons les écouter et les suivre. ... Les avis erronés qui viennent d'en bas, nous devons aussi les écouter ; ce serait une erreur de ne pas les écouter du tout, mais au lieu de les suivre, il faut les critiquer.

« Méthodes de travail des comités du Parti »
(13 mars 1949), *Œuvres choisies* t. IV.

Apprenez à « jouer du piano ». Pour jouer du piano, il faut mouvoir les dix doigts ; on n'y arrive pas avec quelques doigts seulement, en laissant les autres immobiles. Cependant, si on appuie les dix doigts à la fois, il n'y a pas de mélodie non plus. Pour faire de la bonne musique, il faut que les mouvements des doigts soient rythmés et coordonnés. Un comité du Parti doit bien prendre en main sa tâche centrale et, en même temps, autour de cette tâche centrale, développer le travail dans d'autres champs d'activité. Actuellement, nous avons à nous occuper de bien des domaines : nous avons à veiller au travail dans toutes les régions, toutes les unités armées et tous les organismes ; nous ne devons pas réserver notre attention à quelques problèmes seulement, à l'exclusion des autres. Partout où il y a un problème, il faut frapper la touche ; c'est une méthode dans laquelle nous devons acquérir de la maîtrise. Certains jouent bien du piano, d'autre mal, et la différence est grande entre les mélodies qu'ils en tirent. Les camarades des comités du Parti doivent apprendre à bien « jouer du piano ».

« Méthodes de travail des comités du Parti » (13 mars 1949), *Œuvres choisies de Mao Tsé-toung*, tome IV.

« Prenez fermement les tâches en main ». Nous entendons par là qu'un comité du Parti doit non seulement « prendre en main » ses tâches principales, mais encore les « prendre fermement en main ». On ne peut bien tenir une chose qu'en la prenant solidement en main, sans desserrer les doigts si peu que ce soit. Ne pas prendre solidement en main, cela revient à ne pas prendre en main du tout. Naturellement, on ne peut rien saisir la main ouverte. Et lorsqu'on ferme la main, mais sans la serrer fort, on a l'air de tenir une chose, et pourtant on ne l'a pas vraiment saisie. Il y a de nos camarades qui prennent certes en main leurs tâches principales, mais comme ils ne les prennent pas solidement en main, ils ne peuvent faire du bon travail. Ça n'ira pas, si vous ne prenez pas les tâches en main; ça n'ira pas non plus si vous ne les prenez pas en main fermement.

> « Méthodes de travail des comités du Parti » (13 mars 1949), *Œuvres choisies de Mao Tsé-toung*, tome IV.

Ayez les « chiffres » en tête. Cela signifie que nous devons prêter attention à l'aspect quantitatif d'une situation ou d'un problème et faire une analyse quantitative fondamentale. Toute qualité se manifeste par une quantité déterminée, et sans quantité il ne peut y avoir de qualité. Aujourd'hui encore, beaucoup de nos camarades ne savent pas qu'ils doivent prêter attention à l'aspect quantitatif des choses — aux statistiques fondamentales, aux principaux pourcentages et aux limites quantitatives qui déterminent les qualités des choses; ils n'ont de « chiffres » en tête pour rien; il en résulte qu'ils ne peuvent éviter de faire des erreurs.

> « Méthodes de travail des comités du Parti » (13 mars 1949), *Œuvres choisies de Mao Tsé-toung*, tome IV.

« Avis à la population ». Il faut annoncer les réunions d'avance, comme si l'on affichait un avis à la population, pour que chacun sache ce qui va être discuté et quels problèmes sont à résoudre, et que chacun s'y prépare assez tôt. Dans certains endroits, des réunions de cadres sont convoquées sans que rapports et projets de résolutions soient prêts; on les improvise tant bien que mal lorsque les participants sont déjà là; cela rappelle le dicton : « Troupes et chevaux sont là, mais vivres et fourrage ne sont pas prêts ». Cette façon de s'y prendre n'est pas bonne. Ne vous hâtez pas de convoquer les réunions si elles ne sont pas bien préparées.

> « Méthodes de travail des comités du Parti » (13 mars 1949), *Œuvres choisies de Mao Tsé-toung*, tome IV.

« Moins de troupes mais de meilleures, et simplifier l'administration ». Causeries, discours, articles et résolutions doivent être clairs et concis. De même, les réunions ne doivent pas être trop longues.

> « Méthodes de travail des comités du Parti » (13 mars 1949), *Œuvres choisies de Mao Tsé-toung*, tome IV.

Soyez attentifs à collaborer dans l'unité avec les camarades dont les vues diffèrent des vôtres. Dans les organismes locaux aussi bien que dans l'armée, il faut prêter attention à ce principe, qui s'applique également à nos relations avec les personnes en dehors du Parti. Nous sommes venus de tous les coins du pays et nous devons savoir collaborer dans l'unité non seulement avec des camarades qui partagent nos vues, mais aussi avec ceux qui en ont de différentes.

> « Méthodes de travail des comités du Parti » (13 mars 1949), *Œuvres choisies de Mao Tsé-toung*, tome IV.

Gardez-vous d'être orgueilleux. C'est une question de principe pour tous les dirigeants, et c'est aussi une condition importante pour le maintien de l'unité. Même ceux qui n'ont pas commis de fautes graves et qui ont obtenu de grands succès dans leur travail ne doivent pas être orgueilleux.

> « Méthodes de travail des comités du Parti » (13 mars 1949), *Œuvres choisies de MaoTsé-toung*, tome IV.

Tracez deux lignes de démarcation. D'abord, entre la révolution et la contre-révolution, entre Yenan et Sian[1]. Certains ne savent pas qu'ils doivent tracer cette ligne de démarcation. Par exemple, lorsqu'ils combattent la bureaucratie, ils parlent de Yenan comme s'il n'y avait là « rien de bon » et ne font pas la comparaison ni la distinction entre la bureaucratie à Yenan et la bureaucratie à Sian. Ils commettent ainsi une erreur fondamentale. Ensuite, dans les rangs de la révolution, il est nécessaire de tracer une ligne de démarcation entre ce qui est juste et ce qui est faux, entre ce qui est succès et ce qui est insuffisance, et, de plus, de discerner lequel des deux l'emporte. Par exemple, les succès sont-ils de l'ordre de 30 pour cent ou de 70 pour cent? Pas de sous-estimation ni de surestimation! Il faut évaluer globalement le travail d'une personne, et établir si ses succès sont de 30 pour cent et ses erreurs de 70 pour cent, ou l'inverse. Si les succès sont de 70 pour cent, le travail de cette personne doit être approuvé pour l'essentiel. Il est tout à fait faux de dire que les erreurs l'emportent quand ce sont au contraire les succès. Dans l'examen d'un problème, nous ne devons jamais oublier de tracer ces deux lignes de démarcation, celle qui sépare la révolution de la contre-révolution et celle qui

1. Yenan était le siège du Comité central du Parti communiste chinois de janvier 1937 à mars 1947. Sian était le centre de la domination réactionnaire du Kuomintang dans la Chine du Nord-Ouest. Le camarade Mao Tsé-toung fait ici de ces deux villes les symboles de la révolution et de la contre-révolution.

sépare les succès des insuffisances. Gardons présentes à l'esprit ces deux lignes de démarcation, et ça ira bien, sinon nous confondrons la nature des problèmes. Naturellement, pour tracer correctement ces lignes, il est indispensable de faire d'abord une étude et une analyse minutieuses. Notre attitude à l'égard de chaque personne et de chaque question doit être l'analyse et l'étude.

> « Méthodes de travail des comités du Parti » (13 mars 1949), *Œuvres choisies de Mao Tsé-toung*, tome IV.

Au point de vue de l'organisation, il faut appliquer avec rigueur le principe de la vie démocratique sous une direction centralisée, selon les indications suivantes :

1) Les organes dirigeants du Parti doivent définir une ligne directrice juste, ils doivent trouver la solution des problèmes qui surgissent, et s'ériger ainsi en centres de direction.

2) Les organismes supérieurs doivent bien connaître la situation dans les organismes inférieurs et la vie des masses, afin d'avoir une base objective pour une direction juste.

3) Les organismes du Parti aux différents échelons ne doivent pas résoudre les problèmes à la légère. Une fois la décision prise, elle doit être appliquée avec fermeté.

4) Toutes les décisions importantes des organismes supérieurs du Parti doivent être portées rapidement à la connaissance des organismes inférieurs et de la masse des membres du Parti. ...

5) Les organismes inférieurs du Parti et la masse des membres du Parti doivent discuter en détail les directives des organismes supérieurs, en saisir tout le sens et déterminer les méthodes à suivre pour les exécuter.

> « L'Elimination des conceptions erronées dans le Parti » (Décembre 1929), *Œuvres choisies de Mao Tsé-toung*, tome I.

CHAPITRE XI

La ligne de masse

Le peuple, le peuple seul, est la force motrice, le créateur de l'histoire universelle.

> « Du gouvernement de coalition » (24 avril 1945), *Œuvres choisies de Mao Tsé-toung*, tome III.

Les masses sont les véritables héros, alors que nous sommes souvent d'une naïveté ridicule. Faute de comprendre cela, il nous sera impossible d'acquérir les connaissances même les plus élémentaires.

> « Préface et postface aux *Enquêtes à la campagne* » (Mars et avril 1941), *Œuvres choisies de Mao Tsé-toung*, tome III.

Les masses populaires sont douées d'une puissance créatrice illimitée. Elles sont capables de s'organiser et de diriger leurs efforts vers tous les domaines et toutes les branches dans lesquels elles peuvent déployer leur énergie; elles peuvent s'attaquer à la tâche de la production, en largeur comme en profondeur, et créer un nombre croissant d'œuvres pour leur bien-être.

> Note sur l'article : « Une solution au problème de la main-d'œuvre excédentaire » (1955), *L'Essor du socialisme dans les campagnes chinoises*.

L'essor actuel du mouvement paysan est un événement d'une extrême importance. Dans peu de temps, on verra dans les provinces du centre, du sud et du nord de la Chine des centaines de millions de paysans se dresser, impétueux, invincibles, tel l'ouragan, et aucune force ne pourra les retenir. Ils briseront toutes leurs chaînes et s'élanceront sur la voie de la libération. Ils creuseront le tombeau de tous les impérialistes, seigneurs de guerre, fonctionnaires corrompus et concussionnaires, despotes locaux et mauvais hobereaux. Ils mettront à l'épreuve tous les partis révolutionnaires, tous les camarades révolutionnaires, qui auront à prendre parti. Nous mettre à la tête des paysans et les diriger? Rester derrière eux en nous contentant de les critiquer avec force gestes autoritaires? Ou nous dresser devant eux pour les combattre? Tout Chinois est libre de choisir une de ces trois voies, mais les événements obligent chacun à faire rapidement ce choix.

> « Rapport sur l'enquête menée dans le Hounan à propos du mouvement paysan » (Mars 1927), *Œuvres choisies de Mao Tsétoung*, tome I.

A l'heure actuelle, l'essor de la transformation sociale à la campagne — le mouvement de coopération — se manifeste dans certaines régions, et il va bientôt gagner tout le pays. C'est un mouvement révolutionnaire socialiste d'une grande ampleur qui touche une population rurale de plus de 500 millions d'hommes; sa portée internationale est considérable. Nous devons le diriger de façon active, enthousiaste et selon un plan, et non le ramener en arrière par toutes sortes de moyens. Dans un tel mouvement, certaines déviations sont inévitables, cela se comprend; elles ne sont d'ailleurs pas difficiles à redresser. Les cadres et les paysans parviendront à surmonter leurs insuffisances ou à corriger leurs erreurs si nous les aidons activement.

> « Sur le problème de la coopération agricole » (31 juillet 1955).

Les masses nourrissent un enthousiasme débordant pour le socialisme. Ceux qui, en période révolutionnaire, ne savent qu'emprunter la voie routinière sont absolument incapables de discerner cet enthousiasme. Ce sont des aveugles; ils voient tout en noir. Parfois, ils vont jusqu'à renverser les faits et à faire passer le blanc pour le noir. N'avons-nous pas suffisamment vu de ces gens-là? Ceux qui ne savent que suivre les chemins battus sous-estiment toujours l'enthousiasme du peuple. Quand une chose nouvelle apparaît, ils ne l'approuvent jamais, d'emblée ils s'y opposent. Puis, ils reconnaissent leur tort et font quelque autocritique. Mais par la suite, en présence d'une autre chose nouvelle, ils se comportent de la même manière en reprenant ces deux attitudes. C'est de cette façon qu'ils réagissent devant toute chose nouvelle. Ces gens-là sont toujours dans un état de passivité. Ils n'avancent jamais dans les moments décisifs. Ils ont toujours besoin qu'on leur donne un grand coup dans le dos pour qu'ils fassent un pas en avant.

> Note sur l'article : « Ce canton a réalisé la coopération agricole en deux ans » (1955), *L'Essor du socialisme dans les campagnes chinoises.*

Depuis plus de vingt ans, notre Parti poursuit chaque jour un travail de masse et, depuis une dizaine d'années, il parle chaque jour de la ligne de masse. Nous avons toujours soutenu que la révolution doit s'appuyer sur les masses populaires et compter sur la participation de chacun, et nous nous sommes toujours opposés à ce qu'on s'en remette exclusivement à quelques personnes qui donnent des ordres. Cependant, certains camarades n'appliquent pas encore à fond la ligne de masse dans leur travail; ils comptent toujours sur un petit nombre de personnes seulement et travaillent dans un froid isolement. Une des raisons en est que, quoi qu'ils fassent, ils répugnent à l'expliquer clairement à ceux qu'ils dirigent, et qu'ils ne savent comment développer l'initiative

et la force créatrice de ces derniers. Subjectivement, ils veulent
bien que chacun prenne part au travail, mais ils ne font pas connaître aux autres ni ce qui est à faire ni comment le faire. De
cette façon, comment voulez-vous que chacun se mette à la tâche
et que le travail soit bien fait? Pour résoudre ce problème, le
moyen essentiel est évidemment de donner une éducation idéologique sur la ligne de masse, mais en même temps, il faut enseigner
à ces camarades beaucoup de méthodes concrètes de travail.

> « Causerie pour les rédacteurs du *Quoti-*
> *dien du Chansi-Soueiyuan* » (2 avril 1948),
> *Œuvres choisies de Mao Tsé-toung*, tome IV.

Vingt-quatre années d'expérience nous montrent qu'une tâche,
une politique et un style de travail justes correspondent invaria-
blement aux exigences des masses, à un moment et en un lieu
donnés, et nous lient à elles; et qu'une tâche, une politique et un
style de travail erronés ne correspondent jamais aux exigences
des masses, à un moment et en un lieu donnés, et nous coupent
de celles-ci. Si des maux tels que le dogmatisme, l'empirisme,
l'autoritarisme, le suivisme, le sectarisme, la bureaucratie, la
présomption dans le travail sont absolument nuisibles et inad-
missibles, si ceux qui en souffrent se doivent de les vaincre, c'est
parce que ces maux provoquent une rupture d'avec les masses.

> « Du gouvernement de coalition » (24 avril
> 1945), *Œuvres choisies de Mao Tsé-toung*,
> tome III.

Pour établir une liaison avec les masses, nous devons nous
conformer à leurs besoins, à leurs désirs. Dans tout travail pour
les masses, nous devons partir de leurs besoins, et non de nos
propres désirs, si louables soient-ils. Il arrive souvent que les
masses aient objectivement besoin de telles ou telles transformations, mais que subjectivement elles ne soient pas conscientes
de ce besoin, qu'elles n'aient ni la volonté ni le désir de les réaliser;
dans ce cas, nous devons attendre avec patience; c'est seulement

lorsque, à la suite de notre travail, les masses seront, dans leur majorité, conscientes de la nécessité de ces transformations, lors-qu'elles auront la volonté et le désir de les faire aboutir qu'on pourra les réaliser; sinon, l'on risque de se couper des masses. Tout travail exigeant la participation des masses deviendra quelque chose de tout à fait formel et aboutira finalement à l'écehc si les masses n'ont pas pris conscience de la nécessité de ce travail, n'ont pas manifesté le désir d'y participer volontairement. ... Deux principes doivent nous guider : premièrement, les besoins réels des masses et non les besoins nés de notre imagination; deuxième-ment, le désir librement exprimé par les masses, les résolutions qu'elles ont prises elles-mêmes et non celles que nous prenons à leur place.

« Le Front uni dans le travail culturel » (30 octobre 1944), *Œuvres choisies de Mao Tsé-toung*, tome III.

Notre congrès doit appeler tout le Parti à redoubler de vigi-lance, à veiller à ce que pas un seul camarade, à quelque poste qu'il soit, ne se coupe des masses. Il faut apprendre à chaque camarade à aimer ardemment les masses populaires, à prêter une oreille attentive à leur voix; à s'intégrer aux masses où qu'il aille, à se confondre avec elles et non à se placer au-dessus d'elles; à les éveiller ou à élever leur conscience politique en tenant compte de leur niveau; et, selon le principe du libre consentement, à aider les masses à s'organiser progressivement et à développer graduel-lement toutes les luttes nécessaires que permettent les conditions internes et externes du lieu et du moment donnés.

« Du gouvernement de coalition » (24 avril 1945), *Œuvres choisies de Mao Tsé-toung*, tome III.

Si nous tenions à passer à l'offensive alors que les masses n'ont pas encore pris conscience, ce serait de l'aventurisme. Si nous voulions à toute force amener les masses à faire quelque chose contre leur gré, nous échouerions à coup sûr. Si nous n'avancions pas, alors que les masses demandent à avancer, ce serait de l'opportunisme de droite.

« Causerie pour les rédacteurs du *Quotidien du Chansi-Soueiyuan* » (2 avril 1948), *Œuvres choisies de Mao Tsé-toung*, tome IV.

Dans tout travail, l'autoritarisme est une erreur, car il dépasse le niveau de conscience des masses et viole le principe de la libre adhésion; c'est une manifestation de ce mal qu'on appelle précipitation. Nos camarades ne doivent pas croire que tout ce qu'ils comprennent, les larges masses le comprennent également. Seule une enquête effectuée parmi les masses permet de s'assurer si elles ont compris telle ou telle idée, si elles sont prêtes à passer à l'action. En agissant de cette manière, nous éviterons l'autoritarisme. Dans tout travail, le suivisme est également une erreur, car il demeure au-dessous du niveau de conscience des masses, et viole le principe selon lequel le dirigeant doit toujours conduire les masses dans leur marche en avant; c'est une manifestation de cet autre mal qu'on appelle lenteur. Nos camarades ne doivent pas croire que les masses ne comprennent rien de ce qu'eux-mêmes n'ont pas encore compris. Il arrive souvent que les masses nous devancent et éprouvent le besoin impérieux de faire un pas en avant, alors que nos camarades, incapables de les diriger, reflètent les vues de certains éléments arriérés, les prennent à tort pour celles des larges masses, se mettant ainsi à la traîne de ces éléments arriérés.

« Du gouvernement de coalition » (24 avril 1945), *Œuvres choisies*, tome III.

Recueillir les idées des masses, les concentrer et les porter de nouveau aux masses, afin qu'elles les appliquent fermement, et parvenir ainsi à élaborer de justes idées pour le travail de direction : telle est la méthode fondamentale de direction.

« A propos des méthodes de direction » (1er juin 1943), *Œuvres choisies*, tome III.

Dans toute activité pratique de notre Parti, une direction juste doit se fonder sur le principe suivant : partir des masses pour retourner aux masses. Cela signifie qu'il faut recueillir les idées des masses (dispersées, non systématiques), les concentrer (en idées généralisées et systématisées, après étude), puis aller de nouveau dans les masses pour les diffuser et les expliquer, faire en sorte que les masses se les assimilent, y adhèrent fermement et les traduisent en action; et vérifier dans l'action même des masses la justesse de ces idées. Puis, il faut encore une fois concentrer les idées des masses et les leur reporter pour une mise en pratique résolue. Et le même processus se poursuivra indéfiniment, ces idées devenant toujours plus justes, plus vivantes et plus riches. Voilà la théorie marxiste de la connaissance.

> « A propos des méthodes de direction » (1er juin 1943), *Œuvres choisies de Mao Tsé-toung*, tome III.

Nous devons aller dans les masses, nous mettre à leur école, généraliser leur expérience, en dégager des principes et des méthodes encore meilleurs, encore plus systématiques, puis les communiquer aux masses (par la propagande), appeler les masses à les suivre pour résoudre leurs problèmes, de sorte qu'elles se libèrent et conquièrent le bonheur.

> « Organisez-vous! » (29 novembre 1943), *Œuvres choisies de Mao Tsé-toung*, tome III.

Dans certains endroits, des membres de nos organes dirigeants pensent qu'il suffit que les dirigeants seuls connaissent la politique du Parti et qu'il n'est pas nécessaire de la faire connaître aux masses. C'est une des raisons fondamentales pour lesquelles une partie de notre travail n'a pu être bien faite.

> « Causerie pour les rédacteurs du *Quotidien de Chansi-Soueiyuan* » (2 avril 1948), *Œuvres choisies de Mao Tsé-toung*, tome IV.

Dans tout mouvement de masse, nous devons faire une enquête et une analyse fondamentales pour connaître le nombre des partisans actifs, des opposants et de ceux qui gardent une position intermédiaire; nos décisions ne doivent pas être prises sans fondement et de façon subjective.

> « Méthodes de travail des comités du Parti » (13 mars 1949), *Œuvres choisies de Mao Tsé-toung*, tome IV.

Là où il y a des masses, on distingue grosso modo trois sortes d'éléments : ceux qui sont relativement actifs, ceux qui sont relativement arriérés et ceux qui sont entre les deux. C'est pourquoi les dirigeants doivent être capables de réunir autour d'eux le petit nombre d'éléments actifs, sur lesquels ils pourront compter; et grâce à eux, ils élèveront le niveau des éléments intermédiaires et rallieront les éléments arriérés.

> « A propos des méthodes de direction » (1er juin 1943), *Œuvres choisies de Mao Tsé-toung*, tome III.

Savoir faire passer la politique du Parti dans l'action des masses, savoir amener non seulement les cadres dirigeants mais aussi les larges masses à comprendre et à bien mener chacun de nos mouvements et chacune de nos luttes, cela relève de l'art de diriger marxiste-léniniste. C'est aussi ce qui permet de déterminer si nous commettons ou non des erreurs dans notre travail.

> « Causerie pour les rédacteurs du *Quotidien du Chansi-Soueiyuan* » (2 avril 1948), *Œuvres choisies de Mao Tsé-toung*, tome IV.

Quelque actif que soit le groupe dirigeant, son activité se réduirait à un effort infécond d'une poignée de gens, si elle n'était pas liée avec celle des larges masses. Mais, d'autre part, l'activité des larges masses, qui n'est pas organisée comme il convient par un fort groupe dirigeant, ne peut se maintenir longtemps, ni se développer dans une direction juste et atteindre un degré plus élevé.

> « A propos des méthodes de direction » (1er juin 1943), *Œuvres choisies de Mao Tsé-toung*, tome III.

L'activité productrice des masses, leurs intérêts, leur expérience et leur état d'esprit — voilà ce à quoi les cadres dirigeants doivent vouer une attention constante.

> Inscription pour l'exposition sur l'activité productrice des organismes relevant directement du Comité central du Parti et du Haut Commandement de la VIIIe Armée de Route, *Jiefang Ribao* de Yenan, 24 novembre 1943.

Nous devons accorder une attention sérieuse aux problèmes relatifs à la vie des masses, depuis les questions de la terre et du travail jusqu'à celles de l'approvisionnement en combustible, en riz, en huile et en sel. ... Toutes ces questions relatives aux conditions de vie des masses doivent être mises à l'ordre du jour. Il faut en discuter, prendre des décisions, les appliquer et en contrôler l'exécution. Il faut faire comprendre aux masses que nous représentons leurs intérêts, que nous respirons du même souffle qu'elles. Il faut que, partant de là, elles arrivent à comprendre les tâches encore plus élevées que nous avons proposées, les tâches de la guerre révolutionnaire, en sorte qu'elles soutiennent la révolution et l'étendent à tout le pays, qu'elles fassent leurs nos mots d'ordre politiques et luttent jusqu'à la victoire finale de la révolution.

> « Soucions-nous davantage des conditions de vie des masses et portons plus d'attention à nos méthodes de travail » (27 janvier 1934), *Œuvres choisies de Mao Tsé-toung*, tome I.

CHAPITRE XII

Le travail politique

Dans l'armée fut institué (pendant la Première guerre civile révolutionnaire de 1924-1927 — *N. d. l. R.*) le système des délégués du Parti et des départements politiques, inconnu jusqu'alors dans l'histoire de la Chine, système qui donna à cette armée une physionomie toute nouvelle. Depuis 1927, l'Armée rouge, aujourd'hui la VIIIᵉ Armée de Route, a hérité de ce système et l'a développé.

> « Entretien avec le journaliste anglais James Bertram » (25 octobre 1937), *Œuvres choisies de Mao Tsé-toung*, tome II.

En se fondant sur la guerre populaire et sur les principes de l'unité entre l'armée et le peuple, de l'unité entre les commandants et les combattants et celui de la désagrégation des troupes ennemies, l'Armée populaire de Libération a développé son puissant travail politique révolutionnaire et c'est là un important facteur de notre victoire.

> « La Situation actuelle et nos tâches » (25 décembre 1947), *Œuvres choisies de Mao Tsé-toung*, tome IV.

Cette armée a créé un système de travail politique indispensable à la guerre populaire et qui vise à promouvoir la lutte pour la cohésion dans ses rangs, l'union avec les troupes amies, l'union avec le peuple, la désagrégation de l'armée ennemie et la victoire dans chaque combat.

> « Du gouvernement de coalition » (24 avril 1945), *Œuvres choisies de Mao Tsé-toung*, tome III.

Le travail politique est vital pour tout notre travail dans le domaine économique, à plus forte raison dans la période de transformation radicale du régime socio-économique.

> Note sur l'article : « Une sérieuse leçon »
> (1955), *L'Essor du socialisme dans les campagnes chinoises.*

Si l'Armée rouge a pu combattre dans de si dures conditions sans se disloquer, une des raisons importantes en est que « la cellule du Parti est organisée sur la base de la compagnie ».

> « La Lutte dans les monts Tsingkang »
> (25 novembre 1928), *Œuvres choisies de Mao Tsé-toung*, tome I.

Le travail politique de la VIIIe Armée de Route repose sur trois principes fondamentaux. Premièrement, le principe de l'unité des officiers et des soldats, qui implique l'abolition des pratiques féodales dans l'armée, l'interdiction des châtiments corporels et des injures, l'institution d'une discipline observée de façon consciente et la création d'un genre de vie où officiers et soldats partagent leurs joies et leurs peines, ce qui fait que l'armée est étroitement unie. Deuxièmement, le principe de l'unité de l'armée et du peuple. Il implique que la discipline ne tolère pas la moindre atteinte aux intérêts des masses, que l'armée fasse de la propagande parmi elles, qu'elle les organise et les arme, qu'elle allège leurs charges financières et qu'elle châtie les traîtres à la nation qui portent préjudice au peuple et à l'armée; ainsi elle est unie au peuple et partout bien accueillie. Troisièmement, le principe de la désagrégation des forces de l'ennemi et de la clémence à l'égard des prisonniers de guerre. Notre victoire ne dépend pas seulement des opérations de nos troupes, mais aussi de la désagrégation des forces de l'adversaire.

> « Entretien avec le journaliste anglais James Bertram » (25 octobre 1937), *Œuvres choisies de Mao Tsé-toung*, tome II.

Nos troupes doivent observer les principes justes qui régissent les rapports de l'armée avec le peuple, le gouvernement et le Parti, les rapports entre officiers et soldats, entre le travail militaire et le travail politique et les rapports entre les cadres; en aucun cas, elles ne doivent verser dans le militarisme des seigneurs de guerre. Les officiers doivent aimer leurs soldats; ils ne se montreront pas indifférents à leur égard et ne leur infligeront pas de châtiments corporels. Il faut que l'armée aime le peuple, ne lèse pas ses intérêts; elle doit respecter le gouvernement et le Parti et ne pas réclamer d' « indépendance ».

> « Organisez-vous! » (29 novembre 1943),
> *Œuvres choisies de Mao Tsé-toung*, tome III.

Notre politique à l'égard des prisonniers, qu'ils proviennent de l'armée japonaise, des troupes fantoches ou anticommunistes, est de les relâcher, à l'exception de ceux qui ont encouru la haine du peuple et qui, après ratification par des instances supérieures, doivent absolument être exécutés. Il faut gagner à nous en grand nombre les prisonniers qui ont été enrôlés de force et dont l'esprit est plus ou moins révolutionnaire, et les intégrer dans notre armée; tous les autres doivent être relâchés; et s'ils sont de nouveau capturés, il faut de nouveau les relâcher. Il ne faut pas leur infliger de vexations, confisquer leur argent et leurs objets personnels, leur arracher des aveux, mais observer dans tous les cas une attitude franche et bienveillante à leur égard. Cette politique doit être pratiquée à l'égard de tous les prisonniers, quelque réactionnaires qu'ils soient. Elle est extrêmement efficace pour l'isolement du camp de la réaction.

> « Au sujet de notre politique » (25 décembre 1940), *Œuvres choisies de Mao Tsé-toung*, tome II.

Les armes sont un facteur important, mais non décisif, de la guerre. Le facteur décisif, c'est l'homme et non le matériel. Le rapport des forces se détermine non seulement par le rapport des puissances militaires et économiques, mais aussi par le rapport des ressources humaines et des forces morales. C'est l'homme qui dispose des forces militaires et économiques.

> « De la guerre prolongée » (Mai 1938),
> *Œuvres choisies de Mao Tsé toung*, tome II.

La bombe atomique est un tigre en papier dont les réactionnaires américains se servent pour effrayer les gens. Elle a l'air terrible, mais en fait, elle ne l'est pas. Bien sûr, la bombe atomique est une arme qui peut faire d'immenses massacres, mais c'est le peuple qui décide de l'issue d'une guerre, et non une ou deux armes nouvelles.

> « Entretien avec la journaliste américaine
> Anna Louise Strong » (Août 1946), *Œuvres
> choisies de Mao Tsé-toung*, tome IV.

La base de l'armée, c'est le soldat. Sans insuffler aux troupes un esprit politique progressiste, sans poursuivre dans ce but un travail politique progressiste, il n'est pas possible d'arriver à une unité véritable des officiers et des soldats, d'éveiller en eux le plus grand enthousiasme pour la Guerre de Résistance et, par conséquent, de donner à notre technique et à notre tactique la base la plus propre à les rendre efficaces.

> « De la guerre prolongée » (Mai 1938),
> *Œuvres choisies de Mao Tsé-toung*, tome II.

Le point de vue purement militaire est largement répandu chez un certain nombre de camarades de l'Armée rouge. Ses manifestations sont les suivantes :

1. On met en opposition le politique et le militaire et on se refuse à reconnaître que celui-ci n'est que l'un des moyens pour accomplir les tâches politiques. Certains affirment même que « si les choses vont bien sur le plan militaire, elles vont forcément bien sur le plan politique et si elles vont mal sur le plan militaire,

elles ne peuvent aller bien sur le plan politique »; c'est s'avancer encore plus loin et soutenir que le militaire commande le politique...

> « L'Elimination des conceptions erronées dans le Parti » (Décembre 1929), *Œuvres choisies de Mao Tsé-toung*, tome I.

Prendre en main l'éducation idéologique, voilà la tâche centrale si on veut unir tout le Parti en vue de ses grandes luttes politiques. Faute de quoi, le Parti ne pourra accomplir aucune de ses tâches politiques.

> « Du gouvernement de coalition » (24 avril 1945), *Œuvres choisies de Mao Tsé-toung*, tome III.

Ces derniers temps, on a constaté un fléchissement dans le travail idéologique et politique parmi les étudiants et les intellectuels, et certaines déviations sont apparues. Il en est qui pensent apparemment qu'ils n'ont pas besoin de se soucier de la politique, de l'avenir de leur pays et des idéaux de l'humanité. A leurs yeux, le marxisme aurait été à la mode un certain temps et ne le serait plus tellement maintenant. Étant donné cette situation, il est à présent nécessaire de renforcer notre travail idéologique et politique. Étudiants et intellectuels doivent s'appliquer à l'étude. Tout en travaillant à leur spécialité, ils doivent faire des progrès sur le plan idéologique et sur le plan politique, et pour cela étudier le marxisme, les questions politiques et les problèmes d'actualité. Sans vue politique juste, on est comme sans âme. ... Tous les organismes et toutes les organisations doivent assumer la responsabilité du travail idéologique et politique. Et cette tâche incombe au Parti communiste, à la Ligue de la Jeunesse, aux organismes gouvernementaux directement intéressés, et à plus forte raison aux directeurs et aux enseignants des établissements scolaires.

> « De la juste solution des contradictions au sein du peuple » (27 février 1957).

Grâce au travail d'éducation politique qui a été accompli, les soldats de l'Armée rouge ont tous la conscience de classe; ils ont acquis des notions générales notamment sur la distribution des terres, l'instauration du pouvoir, l'armement des ouvriers et des paysans; ils savent qu'ils se battent pour eux-mêmes, pour la classe ouvrière et la paysannerie; c'est pourquoi, malgré l'âpreté de la lutte, ils ne se plaignent pas. Chaque compagnie, bataillon ou régiment a son comité de soldats qui représente les intérêts de nos hommes de troupe et exécute le travail politique et le travail parmi les masses populaires.

« La Lutte dans les monts Tsingkang » (25 novembre 1928), *Œuvres choisies de Mao Tsé-toung*, tome I.

En conduisant correctement le mouvement de l'expression des griefs (dénonciation des souffrances infligées aux masses laborieuses par l'ancienne société et par les réactionnaires) et des trois vérifications (relatives à l'appartenance de classe, à l'accomplissement du travail et à la volonté de combat), on a développé considérablement la conscience politique des commandants et des combattants de toute l'armée dans leur lutte pour l'émancipation des masses laborieuses exploitées, pour l'accomplissement de la réforme agraire dans tout le pays et pour l'anéantissement de l'ennemi de tout le peuple, la bande de Tchiang Kaï-chek. En même temps, ce mouvement a considérablement renforcé l'étroite cohésion de tous les commandants et combattants sous la direction du Parti communiste. Sur cette base, l'armée a assaini encore davantage ses rangs, elle a raffermi la discipline, donné essor à un mouvement de masse pour l'instruction militaire et continué à développer, sous une direction judicieuse et en bon ordre, sa démocratie politique, économique et militaire. Aussi l'armée est-elle aujourd'hui unie comme un seul homme, chacun apportant sa part d'idées et d'énergie; elle ne craint aucun sacrifice,

elle sait surmonter les difficultés matérielles et fait preuve d'intré-
pidité et d'héroïsme collectifs dans la destruction de l'ennemi.
Une telle armée sera invincible.

> « Sur la grande victoire dans le Nord-
> Ouest et le mouvement d'éducation idéolo-
> gique de type nouveau dans l'Armée de
> Libération » (7 mars 1948), *Œuvres choi-
> sies de Mao Tsé-toung*, tome IV.

Ces derniers mois, on a utilisé dans presque toutes les unités de
l'Armée populaire de Libération les intervalles entre les batailles
pour entreprendre un vaste travail d'instruction et de consolidation. Ce travail a été mené selon la méthode démocratique, et en
même temps sous une bonne direction et dans un ordre parfait.
Par là, on a stimulé l'ardeur révolutionnaire des commandants et
des combattants en leur faisant comprendre clairement le but de
la guerre, on a mis fin à certaines tendances idéologiques erronées
et à certains phénomènes fâcheux apparus dans l'armée, on a
éduqué les cadres et les soldats et fortement accru la capacité
combative de l'armée. Nous devons continuer à développer ce
mouvement d'éducation idéologique dans l'armée, mouvement
démocratique de masse d'un type nouveau.

> « Discours prononcé à une conférence
> des cadres de la région libérée du Chansi-
> Soueiyuan » (1er avril 1948), *Œuvres choi-
> sies de Mao Tsé-toung*, tome IV.

L'enseignement de l'École militaire et politique antijaponaise
s'inspire des principes suivants : une orientation politique juste et
inébranlable, un style de travail fait de labeur et de simplicité,
une stratégie et une tactique souples et dynamiques. Ces trois
principes sont indispensables à la formation d'un soldat révolu-

tionnaire de la résistance antijaponaise. C'est en fonction de ces trois principes que le personnel administratif et les enseignants poursuivent leur travail, et les élèves leurs études.

> « Etre attaqué par l'ennemi est une bonne et non une mauvaise chose (26 mai 1939).

Notre nation a toujours su mener des luttes ardues; nous devons développer ce style de travail. ... Bien plus, le Parti communiste a toujours préconisé une orientation politique juste et inébranlable... orientation qui est indissolublement liée à un style de travail fait de luttes ardues; sans une orientation politique juste et inébranlable, impossible de promouvoir ce style de travail; et sans lui, impossible de suivre une orientation politique juste et inébranlable.

> « Allocution au meeting de célébration de la Fête internationale du Travail, à Yenan » (1er mai 1939).

Unité, dynamisme, sérieux et entrain.

> Devise pour l'Ecole militaire et politique antijaponaise.

Ce qui compte réellement dans le monde, c'est d'être consciencieux; et c'est ce à quoi le Parti communiste est le plus attaché.

> Entretien avec des étudiants et stagiaires chinois à Moscou (17 novembre 1957).

CHAPITRE XIII

Les rapports entre officiers
et soldats

Notre armée a toujours suivi une double politique : d'une part, nous sommes implacables envers l'ennemi, nous l'écrasons, nous l'anéantissons; d'autre part, nous sommes bons pour les nôtres — pour le peuple, nos camarades, nos supérieurs et nos subordonnés — et nous devons veiller à notre unité.

> Discours à la réception donnée par le Comité central du Parti en l'honneur des activistes de l'étude envoyés par le Détachement des forces de l'arrière (18 septembre 1944).

Venant de tous les coins du pays, nous nous sommes retrouvés ici en vue d'un objectif révolutionnaire commun.... Il faut que nos cadres se soucient de chaque combattant, et tous, dans les rangs de la révolution, doivent veiller les uns sur les autres, s'aimer et s'entraider.

> « Servir le peuple » (8 septembre 1944), *Œuvres choisies de Mao Tsé-toung*, tome III.

Dans chaque unité de l'armée, on lancera un mouvement dit de soutien aux cadres et de sollicitude pour les soldats. On appellera les cadres à témoigner de l'affection aux soldats, et les soldats à soutenir les cadres. Ils se feront connaître mutuellement leurs insuffisances et leurs erreurs et les corrigeront rapidement. De cette manière, ils sauront réaliser une unité parfaite dans leurs rangs.

> « Les Tâches de 1945 » (15 décembre 1944).

Beaucoup de gens s'imaginent que s'il n'y a pas de bons rapports entre les officiers et les soldats, entre l'armée et le peuple, cela est dû à de mauvaises méthodes; je leur ai toujours dit qu'il s'agit ici d'une attitude fondamentale (ou d'un principe fondamental) qui consiste à respecter le soldat, à respecter le peuple. De cette attitude découlent la politique, les méthodes et les formes appropriées. Sans cette attitude, la politique comme les méthodes et les formes seront nécessairement erronées, et il sera absolument impossible d'avoir de bons rapports entre les officiers et les soldats, entre l'armée et le peuple. Les trois grands principes de notre travail politique dans l'armée sont, premièrement, l'unité entre les officiers et les soldats; deuxièmement, l'unité entre l'armée et le peuple; troisièmement, la désagrégation des forces ennemies. Pour mettre effectivement en pratique ces trois principes, il faut partir de cette attitude fondamentale qui est le respect du soldat, le respect du peuple et le respect de la dignité des prisonniers ayant déposé les armes. Ceux qui estiment qu'il s'agit ici non d'une attitude fondamentale mais de questions d'ordre purement technique se trompent, et ils doivent corriger leur erreur.

« De la guerre prolongée » (Mai 1938),
Œuvres choisies de Mao Tsé-toung, tome II.

Les communistes, lorsqu'ils déploient leur activité parmi les travailleurs, doivent employer les méthodes démocratiques de persuasion et d'éducation, et il est absolument inadmissible de recourir à l'autoritarisme ou à la contrainte. Le Parti communiste chinois est fidèle à ce principe marxiste-léniniste.

« De la juste solution des contradictions
au sein du peuple » (27 février 1957).

Nos camarades doivent comprendre que la rééducation idéologique est une affaire de longue haleine, qu'il faut mener patiemment et minutieusement; il ne faut pas espérer que quelques leçons ou quelques réunions puissent changer une idéologie qui s'est formée au cours d'une vie de plusieurs décennies. On ne peut convaincre que par la persuasion et non par la contrainte. La contrainte aurait pour seul résultat de soumettre sans convaincre. Chercher à soumettre par la force est inadmissible. On peut utiliser cette méthode à l'égard de l'ennemi, mais nullement à l'égard des camarades ou des amis.

> « Intervention à la Conférence nationale du Parti communiste chinois sur le Travail de Propagande » (12 mars 1957).

Nous devons faire une claire distinction entre l'ennemi et les nôtres, et ne pas adopter une position antagoniste à l'égard de nos camarades en les traitant comme l'ennemi. Nos écrits doivent être pénétrés du désir ardent de défendre la cause du peuple et d'élever son niveau de conscience politique, ils ne doivent ni ridiculiser ni attaquer ceux auxquels ils s'adressent.

> « Intervention à la Conférence nationale du Parti communiste chinois sur le Travail de Propagande » (12 mars 1957).

CHAPITRE XIV

Les rapports entre l'armée et le peuple

L'armée doit ne faire qu'un avec le peuple, afin qu'il voie en elle sa propre armée. Cette armée-là sera invincible,...

> « De la guerre prolongée » (Mai 1938), *Œuvres choisies de Mao Tsé-toung*, tome II.

Il faut faire comprendre à chaque camarade qu'aussi longtemps que nous prendrons appui sur le peuple, que nous croirons fermement aux inépuisables forces créatrices des masses, plaçant ainsi notre confiance dans le peuple et faisant corps avec lui, nous vaincrons n'importe quelles difficultés; et tout ennemi, quel qu'il soit, loin de pouvoir nous écraser, sera infailliblement anéanti.

> « Du gouvernement de coalition » (24 avril 1945), *Œuvres choisies de Mao Tsé-toung*, tome III.

Où qu'ils aillent, nos camarades doivent établir de bonnes relations avec les masses, leur témoigner de la sollicitude et les aider à surmonter leurs difficultés. Nous devons unir à nous les larges masses populaires, et plus nous y réussirons, mieux cela vaudra.

> « Sur les négociations de Tchongking » (17 octobre 1945), *Œuvres choisies de Mao Tsé-toung*, tome IV.

Dans les régions libérées, l'armée doit soutenir le gouvernement et aimer le peuple, tandis que le gouvernement démocratique doit diriger le peuple dans ses efforts pour soutenir l'armée et prendre soin des familles des combattants de la Résistance, et cela afin d'améliorer encore les rapports entre l'armée et le peuple.

> « Du gouvernement de coalition » (24 avril 1945), *Œuvres choisies de Mao Tsé-toung*, tome III.

Dans l'armée, nous devons effectuer un travail idéologique auprès de tous les commandants et combattants pour qu'ils comprennent à fond l'importance qu'il y a à soutenir le gouvernement et à aimer le peuple. Si l'armée s'acquitte bien de ce devoir, les rapports s'amélioreront entre les autorités locales et le peuple d'un côté, et l'armée de l'autre.

> « L'Orientation de notre travail dans les régions libérées pour 1946 » (15 décembre 1945), *Œuvres choisies de Mao Tsé-toung*, tome IV.

Au cours des deux mouvements : « soutien au gouvernement et amour du peuple » et « soutien à l'armée et sollicitude envers les familles des combattants de la Résistance », l'armée d'une part, le Parti et le gouvernement de l'autre, doivent examiner à fond leurs insuffisances et leurs erreurs de 1943, et les corriger résolument en 1944. Désormais, au premier mois lunaire de chaque année, il faudra lancer partout ces mouvements, au cours desquels on lira et relira les engagements qui les concernent tous deux; on procédera, à plusieurs reprises et sur une large échelle, à des autocritiques publiques des insuffisances et des erreurs dans les bases d'appui : vexations commises par les troupes à l'endroit des cadres du Parti et du gouvernement ainsi que de la population, et assistance insuffisante aux troupes de la part des cadres du

Parti et du gouvernement ainsi que de la population (chacune des parties se critiquera elle-même, sans critiquer l'autre); puis on éliminera radicalement ces insuffisances et ces erreurs.

> « Développons dans les bases d'appui les mouvements pour la réduction des fermages et le développement de la production, pour le soutien au gouvernement et l'amour du peuple » (1er octobre 1943), *Œuvres choisies de Mao Tsé-toung*, tome III.

CHAPITRE XV

Les « trois démocraties »

Il faut réaliser une certaine démocratisation dans l'armée; l'essentiel est d'abolir les pratiques féodales des châtiments corporels et des injures, et d'arriver à ce que dans la vie de tous les jours les officiers et les soldats partagent leurs joies et leurs peines. Ainsi, nous parviendrons à l'unité des officiers et des soldats, la capacité combative de l'armée sera prodigieusement accrue, et nous n'aurons pas à craindre de ne pouvoir tenir dans cette guerre longue et acharnée.

> « De la guerre prolongée » (Mai 1938),
> *Œuvres choisies de Mao Tsé-toung*, tome II.

Malgré les dures conditions matérielles et les combats incessants, l'Armée rouge tient bon, comme par le passé; cela ne s'explique pas seulement par le rôle du Parti, mais également par la pratique de la démocratie dans l'armée. Les officiers ne frappent pas les soldats; officiers et soldats jouissent de conditions de traitement égales; les soldats peuvent se réunir et s'exprimer librement; les formalités et cérémonies inutiles sont supprimées; l'administration financière se fait au vu et au su de tout le monde. ... En Chine, la démocratie n'est pas seulement nécessaire au peuple; elle l'est aussi à l'armée. Le régime démocratique constitue une arme importante pour détruire dans une armée ce qu'il y a de féodal et de mercenaire.

> « La Lutte dans les monts Tsingkang »
> (25 novembre 1928), *Œuvres choisies de
> Mao Tsé-toung*, tome I.

7

La ligne de conduite à suivre pour notre travail politique dans l'armée est de déployer pleinement l'activité des soldats, des commandants et de tout le personnel en service, afin d'atteindre, par un mouvement démocratique sous direction centralisée, trois objectifs principaux, à savoir : un degré élevé d'unité politique, une amélioration des conditions de vie et un niveau supérieur de la technique et de la tactique militaires. Les « trois vérifications » et les « trois rectifications »[1], qui sont actuellement appliquées avec enthousiasme dans notre armée, sont destinées à atteindre les deux premiers de ces objectifs par les méthodes de la démocratie en matière politique et économique.

La démocratie en matière économique consiste à garantir aux représentants élus par les soldats le droit de s'occuper du ravitaillement en vivres et de l'ordinaire, en assistant le commandement de la compagnie (sans se soustraire évidemment à son autorité).

La démocratie en matière militaire consiste à pratiquer, dans les périodes d'instruction, la méthode de l'enseignement mutuel entre officiers et soldats et parmi les soldats eux-mêmes; et, dans les périodes de combat, à faire tenir par les compagnies de première ligne différentes réunions, grandes ou petites. Sous la direction du commandement de la compagnie, les soldats doivent y être incités à discuter la manière d'attaquer et d'enlever les positions ennemies et d'accomplir les autres missions de combat. Lorsque les opérations se poursuivent pendant plusieurs jours, il faut tenir plusieurs réunions. Cette forme de démocratie militaire fut pratiquée avec un grand succès pendant la bataille de

1. Les « trois vérifications » et les « trois rectifications » constituèrent un mouvement important pour la consolidation du Parti et le renforcement de l'éducation idéologique dans l'armée ; elles furent appliquées par notre Parti en liaison avec la réforme agraire pendant la Guerre de Libération populaire. Dans les organisations locales du Parti, les « trois vérifications » portaient sur l'appartenance de classe, l'idéologie et le style de travail; dans l'armée, elles portaient sur l'appartenance de classe, l'accomplissement du travail et la volonté de combat. Les « trois rectifications » signifiaient la consolidation de l'organisation, le renforcement de l'éducation idéologique et l'amélioration du style de travail.

Panlong dans le nord du Chensi et celle de Chekiatchouang dans la région du Chansi-Tchahar-Hopei. Il a été prouvé que cette pratique ne présente que des avantages et aucun inconvénient.

> « Le Mouvement démocratique dans l'armée » (30 janvier 1948), *Œuvres choisies de Mao Tsé-toung*, tome IV.

Dans la grande lutte où il est engagé, le Parti communiste chinois demande à tous ses organes dirigeants, à tous ses membres et cadres de faire preuve d'initiative au plus haut degré, ce qui seul pourra assurer la victoire. Pratiquement, cette initiative se manifestera dans leur énergie créatrice, leur esprit de responsabilité, l'ardeur au travail, le courage et l'aptitude à soulever des questions, à exprimer leur opinion, à critiquer les défauts, ainsi que dans le contrôle exercé en toute camaraderie sur les organismes supérieurs et les dirigeants. Sinon, le terme initiative n'aurait pas de sens. Or, cette initiative se déploie en fonction du degré de démocratie dans la vie du Parti. Elle ne le pourrait pas sans une démocratie suffisante. De même, il n'est possible de former un grand nombre d'hommes capables que si la démocratie règne dans le Parti.

> « Le Rôle du Parti communiste chinois dans la guerre nationale » (Octobre 1938), *Œuvres choisies de Mao Tsé-toung*, tome II.

A condition de ne pas être un élément hostile et de ne pas lancer d'attaques perfides, chacun peut donner son avis, même s'il se trompe; et les dirigeants de tous les échelons ont le devoir d'écouter. Deux principes doivent être appliqués : 1) Ne tais rien de ce que tu sais, ne garde rien pour toi de ce que tu as à dire; 2) Nul n'est coupable pour avoir parlé, c'est à celui qui écoute d'en faire son profit. Il est impossible de faire observer le premier principe, à moins d'admettre réellement, et non pour la forme, que « nul n'est coupable pour avoir parlé ».

> « Les Tâches de 1945 » (15 décembre 1944).

Le Parti doit éduquer ses membres dans les questions de la démocratie, afin qu'ils comprennent ce qu'est la vie démocratique, quels sont les rapports entre la démocratie et le centralisme et comment se pratique le centralisme démocratique. Ainsi seulement nous pourrons étendre effectivement la démocratie au sein du Parti tout en évitant l'ultra-démocratisme et ce laisser-aller qui détruit la discipline.

« Le Rôle du Parti communiste chinois dans la guerre nationale » (Octobre 1938), *Œuvres choisies de Mao Tsé-toung*, tome II.

Dans l'armée comme dans les organisations locales, la démocratie interne du Parti doit servir à renforcer la discipline, à accroître la capacité combative et non à les affaiblir.

« Le Rôle du Parti communiste chinois dans la guerre nationale » (Octobre 1938), *Œuvres choisies de Mao Tsé-toung*, tome II.

Il faut, sur le plan de la théorie, détruire les racines de l'ultradémocratisme. Tout d'abord, il faut montrer que l'ultra-démocratisme menace de saper les organisations du Parti jusqu'à les détruire complètement, qu'il menace d'affaiblir et même de miner tout à fait la capacité combative du Parti, ce qui le mettra hors d'état d'accomplir sa tâche dans les luttes et conduira, par conséquent, la révolution à la défaite. Il convient de montrer ensuite que l'ultra-démocratisme tire son origine de l'indiscipline individualiste des petits bourgeois. En pénétrant dans le Parti, celle-ci se traduit, sur le plan politique et sur le plan de l'organisation, par des conceptions ultra-démocratiques, absolument incompatibles avec les tâches de combat du prolétariat.

« L'Élimination des conceptions erronées dans le Parti » (Décembre 1929), *Œuvres choisies de Mao Tsé-toung*, tome I.

CHAPITRE XVI L'éducation et l'entraînement des troupes

Notre politique dans le domaine de l'éducation doit permettre à ceux qui la reçoivent de se former sur le plan moral, intellectuel et physique pour devenir des travailleurs cultivés, ayant une conscience socialiste.

> « De la juste solution des contradictions au sein du peuple » (27 février 1957).

Établir, pour l'éducation des cadres en fonction comme pour l'enseignement dans les écoles de cadres, le principe selon lequel les études doivent être centrées sur les questions pratiques de la révolution chinoise et guidées par les principes fondamentaux du marxisme-léninisme; abandonner la méthode consistant à étudier le marxisme-léninisme d'un point de vue statique et en envisageant les choses isolément.

> « Réformons notre étude » (Mai 1941),
> *Œuvres choisies de Mao Tsé-toung*, tome III.

Pour une école militaire, les problèmes les plus importants sont le choix du directeur et des professeurs et l'établissement des principes d'enseignement.

> « Problèmes stratégiques de la guerre révolutionnaire en Chine » (Décembre 1936),
> *Œuvres choisies de Mao Tsé-toung*, tome I.

Si, dans une école d'une centaine de personnes, il n'existe pas de groupe dirigeant constitué en fonction de la situation (non formé arbitrairement) et composé de quelques-uns, parfois un peu plus d'une dizaine, des éléments les plus actifs, les plus droits et les plus capables parmi les enseignants, employés et élèves, cette école fonctionnera certainement mal.

> « A propos des méthodes de direction »
> (1er juin 1943), *Œuvres choisies de Mao-
> Tsé-toung*, tome III.

Tous les officiers et soldats de notre armée doivent se perfectionner dans l'art militaire, avancer hardiment dans une guerre où notre victoire est certaine, et anéantir tous nos ennemis résolument, radicalement, intégralement, totalement.

> « Manifeste de l'Armée populaire de Libé-
> ration de Chine » (Octobre 1947), *Œuvres
> choisies de Mao Tsé-toung*, tome IV.

Il faut accorder de l'importance aussi bien à l'aspect militaire qu'à l'aspect politique du programme d'instruction et de consolidation, d'une durée d'un an, qui vient de commencer, de même qu'il faut combiner les deux aspects. Au début, on doit mettre l'accent sur l'aspect politique, en s'attachant surtout à améliorer les rapports entre officiers et soldats, à renforcer l'unité interne et à mettre en œuvre la grande ardeur des cadres et de la masse des combattants; alors seulement on pourra entreprendre sans difficultés et avec de meilleurs résultats l'instruction et la consolidation sur le plan militaire.

> « Les Tâches de 1945 » (15 décembre 1944).

Quant à la méthode d'instruction, nous devons développer le mouvement de masse au cours duquel les officiers instruisent les soldats, les soldats instruisent les officiers et les soldats s'instruisent mutuellement.

> « L'Orientation de notre travail dans les régions libérées pour 1946 » (15 décembre 1945), *Œuvres choisies de Mao Tsé-toung*, tome IV.

Notre mot d'ordre dans l'instruction des troupes, c'est : « les officiers instruisent les soldats, les soldats instruisent les officiers et les soldats s'instruisent mutuellement ». Les soldats ont une grande expérience pratique du combat. Les officiers doivent apprendre auprès d'eux, et ils seront d'autant plus capables qu'ils se seront assimilé l'expérience d'autrui.

> « Causerie pour les rédacteurs du *Quotidien du Chansi-Soueiyuan* » (2 avril 1948), *Œuvres choisies de Mao Tsé-toung*, tome IV.

En ce qui concerne les matières d'instruction, notre but reste en premier lieu d'élever le niveau technique du tir, du combat à la baïonnette, du lancer de grenades, etc., et en second lieu d'élever le niveau de la tactique; on accordera une importance spéciale à l'entraînement pour les opérations de nuit.

> « L'Orientation de notre travail dans les régions libérées pour 1946 » (15 décembre 1945), *Œuvres choisies de Mao Tsé-toung*, tome IV.

CHAPITRE XVII   Servir le peuple

Nous devons être modestes et prudents, nous garder de toute
présomption et de toute précipitation, et servir le peuple chinois de
tout notre cœur. ...

> « Les Deux Destins de la Chine » (23 avril
> 1945), *Œuvres choisies de Mao Tsé-toung*,
> tome III.

Servir le peuple de tout cœur, sans nous couper un seul instant
des masses; partir, en tout, des intérêts du peuple et non de ceux
de l'individu ou d'un petit groupe; identifier notre responsabilité
devant le peuple avec notre responsabilité devant les organes
dirigeants du Parti — voilà ce qui inspire nos actes.

> « Du gouvernement de coalition » (24 avril
> 1945), *Œuvres choisies de Mao Tsé-toung*,
> tome III.

Les organismes de l'État pratiquent le centralisme démocratique, ils doivent s'appuyer sur les masses populaires, et leur
personnel doit servir le peuple.

> « De la juste solution des contradictions au
> sein du peuple » (27 février 1957).

L'esprit du camarade Béthune, oubli total de soi et dévouement
pour les autres, apparaissait dans le profond sens des responsabilités à l'égard de son travail et dans son affection sans bornes
pour les camarades, pour le peuple. Tout communiste doit le
prendre pour exemple.

Nous devons tous apprendre de lui ce parfait esprit d'abnégation. Ainsi, chacun peut devenir très utile au peuple. Qu'on soit plus ou moins capable, il suffit de posséder cet esprit pour être un homme aux sentiments nobles, intègre, un homme d'une haute moralité, détaché des intérêts vulgaires, un homme utile au peuple.

> « A la mémoire de Norman Béthune »
> (21 décembre 1939), *Œuvres choisies de Mao Tsé-toung*, tome II.

Notre Parti communiste ainsi que la VIIIᵉ Armée de Route et la Nouvelle IVᵉ Armée qu'il dirige sont les légions de la révolution. Nos légions sont totalement dévouées à la libération du peuple et travaillent entièrement dans l'intérêt de ce dernier.

> « Servir le peuple » (8 septembre 1944), *Œuvres choisies de Mao Tsé-toung*, tome III.

Chacun de nos cadres, quel que soit son rang, est un serviteur du peuple. Tout ce que nous faisons est au service du peuple, de quel défaut ne pourrions-nous donc nous débarrasser?

> « Les tâches de 1945 » (15 décembre 1944).

Notre devoir, c'est d'être responsables envers le peuple. Chacune de nos paroles, chacun de nos actes et chacune de nos mesures politiques doivent répondre aux intérêts du peuple, et si des erreurs sont commises, elles devront être corrigées; c'est ce qu'on appelle être responsable envers le peuple.

> « La Situation et notre politique après la victoire dans la Guerre de Résistance contre le Japon » (13 août 1945), *Œuvres choisies de Mao Tsé-toung*, tome IV.

Qui dit lutte dit sacrifice, et la mort est chose fréquente. Comme nous avons à cœur les intérêts du peuple, les souffrances de la grande majorité du peuple, mourir pour lui, c'est donner à notre mort toute sa signification. Néanmoins, nous devons réduire au minimum les sacrifices inutiles.

« Servir le peuple » (8 septembre 1944),
Œuvres choisies de Mao Tsé-toung, tome III.

Tout homme doit mourir un jour, mais toutes les morts n'ont pas la même signification. Un écrivain de la Chine antique, Sema Tsien, disait : « Certes, les hommes sont mortels ; mais la mort des uns a plus de poids que le mont Taichan, celle des autres en a moins qu'une plume. » Mourir pour les intérêts du peuple a plus de poids que le mont Taichan, mais se dépenser au service des fascistes et mourir pour les exploiteurs et les oppresseurs a moins de poids qu'une plume.

« Servir le peuple » (8 septembre 1944),
Œuvres choisies de Mao Tsé-toung, tome III.

CHAPITRE XVIII

Le patriotisme
et l'internationalisme

Le communiste, qui est internationaliste, peut-il être en même temps patriote? Nous pensons que non seulement il le peut, mais le doit. Ce sont les conditions historiques qui déterminent le contenu concret du patriotisme. Il y a notre patriotisme à nous, et il y a le « patriotisme » des agresseurs japonais et celui de Hitler, auxquels les communistes doivent s'opposer résolument. Les communistes japonais et allemands sont pour la défaite de leur propre pays dans la guerre. Il est dans l'intérêt de leurs peuples de contribuer par tous les moyens à la défaite des agresseurs japonais et à celle de Hitler, et plus cette défaite sera complète, mieux cela vaudra. ... Car ces guerres entreprises par les agresseurs japonais et par Hitler sont aussi funestes pour le peuple de leurs propres pays que pour les peuples du monde. Il en va autrement de la Chine, qui est victime de l'agression. C'est pourquoi les communistes chinois doivent unir le patriotisme à l'internationalisme. Nous sommes à la fois des internationalistes et des patriotes, et notre mot d'ordre est de combattre pour la défense de la patrie contre l'envahisseur. Pour nous, le défaitisme est un crime, et la lutte pour la victoire dans la Guerre de Résistance est un devoir auquel nous ne pouvons nous soustraire. Car seul le combat pour la défense de la patrie permet de vaincre les agresseurs et de libérer la nation. Cette libération seule rend possible l'émancipation du prolétariat et de tout le peuple laborieux. La victoire de la Chine sur ses agresseurs impérialistes sera une aide pour les peuples des autres pays. Dans la guerre de libération nationale, le patriotisme est donc une application de l'internationalisme.

> « Le Rôle du Parti communiste chinois
> dans la guerre nationale » (Octobre 1938),
> *Œuvres choisies de Mao Tsé-toung*, tome II·

Voilà donc un étranger qui, sans être poussé par aucun intérêt personnel, a fait sienne la cause de la libération du peuple chinois. Quel est l'esprit qui l'a inspiré? C'est l'esprit de l'internationalisme, du communisme, celui que tout communiste chinois doit s'assimiler. ... Nous devons nous unir au prolétariat de tous les pays capitalistes, du Japon, de la Grande-Bretagne, des États-Unis, de l'Allemagne, de l'Italie, etc., pour qu'il soit possible d'abattre l'impérialisme et de parvenir à la libération de notre nation et de notre peuple, des nations et des peuples du monde entier. Tel est notre internationalisme, celui que nous opposons au nationalisme et au patriotisme étroits.

> « A la mémoire de Norman Béthune » (21 décembre 1939), *Œuvres choisies de Mao Tsé-toung*, tome II.

Pour parvenir à l'émancipation complète, les peuples opprimés doivent compter d'abord sur leur propre lutte, et ensuite seulement sur l'aide internationale. Les peuples dont la révolution a triomphé doivent aider ceux qui luttent pour leur libération. C'est là notre devoir internationaliste.

> Entretien avec des amis africains (8 août 1963).

Les États socialistes appartiennent à un type tout à fait nouveau; les classes exploiteuses y ont été renversées et le peuple travailleur y a pris le pouvoir. Dans les relations entre ces États, c'est le principe de l'union de l'internationalisme avec le patriotisme qui est appliqué. Nous sommes étroitement liés par des intérêts et un idéal communs.

> « Intervention à la réunion du Soviet suprême de l'U. R. S. S. pour la célébration du 40ᵉ anniversaire de la Grande Révolution socialiste d'Octobre » (6 novembre 1957).

Les peuples du camp socialiste doivent s'unir, ceux des pays d'Asie, d'Afrique et d'Amérique latine doivent s'unir, les peuples de tous les continents doivent s'unir, tous les pays épris de paix comme tous les pays victimes de l'agression, de la mainmise, de l'intervention et des vexations des États-Unis doivent s'unir, afin de former le front uni le plus large contre la politique d'agression et de guerre de l'impérialisme américain et pour la défense de la paix mondiale.

> « Déclaration pour soutenir la juste lutte patriotique du peuple panamien contre l'impérialisme américain » (12 janvier 1964).

Les choses se développent sans cesse. Quarante-cinq ans seulement se sont écoulés depuis la Révolution de 1911, et aujourd'hui l'aspect de la Chine est totalement différent. Encore quarante-cinq ans, et en l'an 2001, qui marquera l'entrée dans le XXIe siècle, la Chine aura vu de nouveaux et plus importants changements. Elle sera devenue un puissant pays socialiste industrialisé. Et il le faut bien, car, avec sa superficie de 9.600.000 kilomètres carrés et ses 600 millions d'habitants, la Chine se doit d'apporter une plus grande contribution à l'humanité. Notre contribution, pendant longtemps, a été bien minime, et cela est regrettable.

Nous devons pourtant être modestes. Pas seulement maintenant, mais encore dans quarante-cinq ans, et toujours. Dans les relations internationales, nous autres Chinois devons liquider le chauvinisme de grande puissance, résolument, radicalement, intégralement, totalement.

> « A la mémoire du Dr Sun Yatsen » (Novembre 1956).

Gardons-nous de jamais nourrir le moindre orgueil inspiré par le chauvinisme de grande puissance, et de jamais devenir présomptueux par suite de notre triomphe dans la révolution et de certains succès obtenus dans le domaine de l'édification. Grande ou petite, toute nation a ses points forts et ses points faibles.

> « Allocution d'ouverture au VIIIe Congrès du Parti communiste chinois » (15 septembre 1956).

CHAPITRE XIX

L'héroïsme révolutionnaire

Cette armée va toujours de l'avant, intrépide et décidée à triompher de n'importe quel ennemi. Jamais elle ne se laissera soumettre. Quelles que soient les circonstances, et aussi difficiles
qu'elles puissent être, elle se battra jusqu'au dernier homme.

> « Du gouvernement de coalition » (24 avril
> 1945), *Œuvres choisies de Mao Tsé-toung*,
> tome III.

Mettre pleinement en œuvre notre style de combat — bravoure,
esprit de sacrifice, mépris de la fatigue et ténacité dans les combats
continus (engagements successifs livrés en un court laps de temps
et sans prendre de repos).

> « La Situation actuelle et nos tâches »
> (25 décembre 1947), *Œuvres choisies de
> Mao Tsé-toung*, tome IV.

Des milliers et des milliers de martyrs ont donné héroïquement
leur vie pour les intérêts du peuple. Levons bien haut leur drapeau,
avançons sur la voie tracée par leur sang!

> « Du gouvernement de coalition » (24 avril
> 1945), *Œuvres choisies de Mao Tsé-toung*,
> tome III.

Prendre sa résolution, ne reculer devant aucun sacrifice, surmonter toutes les difficultés pour remporter la victoire.

> « Comment Yukong déplaça les mon-
> tagnes » (11 juin 1945), *Œuvres choisies de
> Mao Tsé-toung*, tome III.

Au moment décisif du développement de l'Expédition du Nord, le front uni national du Kuomintang, du Parti communiste et de divers milieux du pays, qui représentait la cause de la libération du peuple chinois, de même que tous ses principes politiques révolutionnaires, fut détruit par la politique antipopulaire de trahison poursuivie par les autorités du Kuomintang, politique qui trouva son expression dans « l'épuration du Parti » et dans des mesures de terreur sanglante. ... Désormais l'union céda le pas à la guerre civile, la démocratie à la dictature, une Chine radieuse à une Chine enveloppée de ténèbres. Mais le Parti communiste chinois et le peuple chinois ne se laissèrent nullement effrayer, soumettre ni exterminer. Ils se relevèrent, essuyèrent le sang, ensevelirent les camarades tombés et poursuivirent la lutte. Ils levèrent bien haut l'étendard de la révolution et entreprirent une résistance armée. Dans de vastes régions de la Chine, ils instituèrent le gouvernement du peuple, procédèrent à la réforme du système agraire, créèrent une armée populaire, l'Armée rouge chinoise; ils conservèrent puis développèrent les forces révolutionnaires du peuple chinois.

> « Du gouvernement de coalition » (24 avril 1945), *Œuvres choisies de Mao Tsé-toung*, tome III.

Vous avez beaucoup de qualités, vous avez rendu des services éminents, mais gardez-vous de toute présomption. Vous avez l'estime de tout le monde, et vous la méritez, mais c'est précisément cela qui mène facilement à la présomption. Si vous devenez orgueilleux — si vous manquez de modestie, si vous ne faites plus d'efforts, si vous ne respectez pas les autres, si vous ne respectez pas les cadres et les masses —, alors vous cesserez d'être des héros du travail et des travailleurs modèles. Il y a eu dans le passé de tels cas, et j'espère que vous ne suivrez pas cette voie.

> «Apprendre le travail économique» (10 janvier 1945), *Œuvres choisies de Mao Tsé-toung*, tome III.

Dans la lutte pour liquider l'ennemi, pour relever et développer la production industrielle et agricole, vous avez surmonté beaucoup de difficultés, en montrant un courage, une sagesse et un enthousiasme admirables. Vous êtes des modèles pour la nation chinoise tout entière, l'élite qui fait progresser victorieusement la cause du peuple dans les différents domaines, un sûr soutien du gouvernement populaire et un pont qui le relie aux larges masses.

> Message de félicitations adressé au nom du Comité central du Parti communiste chinois à la Conférence nationale des Représentants des Héros de Combat et des Travailleurs modèles (25 septembre 1950).

Nous qui formons la nation chinoise, nous sommes prêts à combattre l'ennemi jusqu'à la dernière goutte de notre sang, nous sommes résolus à recouvrer par nos propres efforts ce que nous avons perdu et nous sommes capables de tenir notre place parmi les nations.

> « La Tactique de la lutte contre l'impérialisme japonais » (27 décembre 1935), *Œuvres choisies de Mao Tsé-toung*, tome I

CHAPITRE XX

Edifier le pays avec diligence et économie

Il faut que les cadres et le peuple aient toujours présent à l'esprit que la Chine est un grand pays socialiste, et en même temps un pays pauvre, économiquement arriéré — c'est là une grande contradiction. Pour que notre pays devienne prospère et puissant, plusieurs dizaines d'années d'efforts opiniâtres sont encore nécessaires, et parmi ces efforts, l'application d'une politique de diligence et d'économie dans l'édification du pays, politique qui implique une stricte économie et la lutte contre le gaspillage.

> « De la juste solution des contradictions au sein du peuple » (27 février 1957).

La diligence et l'économie doivent être partout observées, dans la gestion des usines, des magasins, des entreprises d'État et coopératives, comme dans tout autre travail. C'est le principe de stricte économie, un des principes fondamentaux de l'économie socialiste. La Chine est un grand pays, très pauvre encore cependant, et il lui faudra plusieurs décennies pour devenir prospère. Et même alors, le principe de diligence et d'économie devra toujours être appliqué. C'est durant ces quelques dizaines d'années, et les quelques quinquennats à venir, qu'il faudra particulièrement préconiser la diligence et l'économie et surtout pratiquer une stricte économie.

> Note sur l'article : « Être diligent et économe dans la gestion des coopératives » (1955), *L'Essor du socialisme dans les campagnes chinoises.*

8

En tout lieu, nous devons faire le meilleur usage de nos ressources humaines et matérielles; en aucun cas nous ne devons
considérer seulement le moment présent et nous laisser aller à la
prodigalité et au gaspillage. Partout où nous nous trouverons, il
faudra, dès la première année, établir nos calculs en fonction de
nombreuses années à venir, en tenant compte de la guerre de longue durée à soutenir, de la contre-offensive qui interviendra,
ainsi que du travail d'édification après l'expulsion de l'ennemi.
Gardons-nous de la prodigatilé et du gaspillage, tout en dévelop-
pant activement la production. Dans le passé, certaines régions
ont payé très cher pour avoir manqué de prévoyance et négligé
d'économiser les ressources humaines et matérielles et de développer la production. Voilà la leçon qui doit retenir notre attention.

> « Apprendre le travail économique » (10 jan-
> vier 1945), *Œuvres choisies de Mao Tsé-
> toung*, tome III.

En vue de relever et de développer rapidement la production
agricole ainsi que la production industrielle dans les bourgs, nous
devons, au cours de notre lutte pour la liquidation du système
féodal, faire tous nos efforts pour préserver autant que possible
tous les moyens de production et biens de consommation utili-
sables, en prenant des mesures énergiques contre quiconque les
détruit ou les gaspille, en nous opposant aux ripailles et beuveries
et en veillant à une stricte économie.

> « Discours prononcé à une conférence des
> cadres de la région libérée du Chansi-Souei-
> yuan » (1er avril 1948), *Œuvres choisies de
> Mao Tsé-toung*, tome IV.

En ce qui concerne nos dépenses budgétaires, nous devons
avoir pour principe l'économie. Il faut que tout le personnel des
organismes gouvernementaux comprenne que la corruption et le
gaspillage sont des crimes extrêmement graves. La lutte contre
ces maux a déjà donné certains résultats, mais il est indispensable
de poursuivre l'effort. Économiser chaque sou pour les besoins

de la guerre et de la révolution, pour l'édification de notre économie, tel doit être le principe de notre comptabilité.

> « Notre politique économique » (23 janvier 1934), *Œuvres choisies de Mao Tsétoung*, tome I.

Chez beaucoup de nos cadres se développent des tendances dangereuses, qui se manifestent par leur répugnance à partager avec les masses les joies et les peines et par leur souci de renom et de profits personnels. C'est très mauvais. Au cours du mouvement pour l'accroissement de la production et la réalisation d'économies, nous devons simplifier nos organismes et transférer des cadres aux échelons inférieurs, pour qu'un grand nombre de nos cadres retournent à la production ; c'est l'une des méthodes pour surmonter ces dangereuses tendances.

> « De la juste solution des contradictions au sein du peuple » (27 février 1957).

La production par laquelle l'armée subvient à ses besoins non seulement améliore ses conditions d'existence, allège la charge du peuple et permet ainsi d'accroître les effectifs, mais apporte une série d'autres avantages immédiats, à savoir : 1) L'amélioration des relations entre officiers et soldats. Travaillant côte à côte dans la production, ils s'entendent comme des frères. 2) Le renforcement de l'amour du travail. ... Depuis que l'armée s'occupe de production pour subvenir elle-même à ses besoins, l'amour du travail s'y est accru et les mauvaises habitudes propres aux fainéants ont été éliminées. 3) Le renforcement de la discipline. La discipline du travail dans l'activité productrice n'affaiblit pas la discipline des soldats pendant les combats et dans leur vie quotidienne, mais au contraire la renforce. 4) L'amélioration des relations entre l'armée et le peuple. Dans la mesure où les troupes ont leurs propres exploitations, on voit diminuer, ou même disparaître complètement, les atteintes aux biens du peuple. Dans la production, ce dernier et l'armée s'aident mutuellement à travailler, ce qui renforce encore leur amitié. 5) Les troupes manifestent plus rarement du mécontentement envers les organes du pouvoir; ainsi leurs relations s'améliorent. 6) Le grandm ouvement populaire pour le développement de la production se trouve stimulé. Quand l'armée s'occupe elle-même de production, les divers organismes voient plus clairement la nécessité d'en faire autant et s'y consacrent avec plus d'énergie; bien entendu, le peuple voit mieux lui aussi, de ce fait, la nécessité du mouvement général pour le développement de la production et se met à la tâche avec plus d'énergie.

> « De la production par l'armée des biens nécessaires à ses besoins et de l'importance des deux grands mouvements pour la rectification du style de travail et pour le développement de la production » (27 avril 1945), *Œuvres choisies de Mao Tsé-toung*, tome III.

D'aucuns prétendent que si les troupes participent à la production, elles ne pourront plus combattre ni s'entraîner, que si les administrations prennent part à la production, elles ne pourront plus faire leur propre travail. Cette assertion est inexacte. Au cours des dernières années, nos troupes de la Région frontière, en se livrant à une large activité productrice, ont satisfait amplement à leurs besoins en nourriture et en habillement et, parallèlement, elles se sont consacrées avec encore plus de succès à leur entraînement et aussi à leur étude politique et à leur instruction générale; dans le même temps, l'unité interne de l'armée et l'unité de l'armée et du peuple se sont encore renforcées. Dans les régions du front, non seulement le mouvement de production s'est largement étendu au cours de l'année dernière, mais encore de grands succès ont été obtenus sur le plan des opérations militaires et l'on a commencé partout le mouvement pour l'instruction des troupes. Grâce à son activité productrice, le personnel des divers organismes vit dans de meilleures conditions; on a l'esprit plus tranquille et le travail gagne en efficacité; cela est vrai aussi bien pour la Région frontière que pour les régions du front.

> «Apprendre le travail économique» (10 janvier 1945), *Œuvres choisies*, tome III.

CHAPITRE XXI

Compter sur ses propres forces et lutter avec endurance

Sur quelle base notre politique doit-elle reposer? Sur notre propre force : c'est ce qui s'appelle compter sur ses propres forces. Certes, nous ne sommes pas seuls, tous les pays et tous les peuples du monde en lutte contre l'impérialisme sont nos amis. Cependant, nous insistons sur la nécessité de compter sur nos propres forces. En nous appuyant sur les forces que nous avons nous-mêmes organisées, nous pouvons vaincre tous les réactionnaires chinois et étrangers.

> « La Situation et notre politique après la victoire dans la Guerre de Résistance contre le Japon » (13 août 1945), *Œuvres choisies de Mao Tsé-toung*, tome IV.

Nous soutenons qu'il faut compter sur nos propres forces. Nous espérons recevoir une aide extérieure, mais nous ne devons pas en dépendre; nous comptons sur nos propres efforts, sur la force créatrice de toute notre armée, de tout notre peuple.

> « Apprendre le travail économique » (10 janvier 1945), *Œuvres choisies de Mao Tsé-toung*, tome III.

La conquête de la victoire dans tout le pays n'est que le premier pas d'une longue marche de dix mille lis. ... La révolution chinoise est une grande révolution, mais après sa victoire la route à parcourir sera bien plus longue, notre tâche plus grandiose et plus ardue. C'est un point qu'il faut élucider dès à présent dans le

Parti, pour que les camarades restent modestes, prudents, qu'ils ne soient ni présomptueux ni irréfléchis dans leur style de travail, et qu'ils persévèrent dans leur style de vie simple et de lutte ardue.

> « Rapport à la deuxième session plénière du Comité central issu du VIIᵉ Congrès du Parti communiste chinois » (5 mars 1949), *Œuvres choisies de Mao Tsé-toung*, tome IV.

Nous devons débarrasser complètement nos cadres de l'idée que nous pourrons remporter des victoires faciles grâce à des hasards heureux, sans avoir à lutter durement et à les payer de notre sueur et de notre sang.

> « Établir de solides bases d'appui dans le Nord-Est » (28 décembre 1945), *Œuvres choisies de Mao Tsé-toung*, tome IV.

Afin d'aider le peuple à prendre confiance en la victoire, nous devons constamment lui faire connaître les progrès du monde et son avenir lumineux. En même temps, nous devons dire au peuple et à nos camarades que notre chemin sera sinueux. Il y a encore beaucoup d'obstacles et de difficultés sur le chemin de la révolution. Le VIIᵉ Congrès de notre Parti a envisagé les nombreuses difficultés que nous rencontrerions. Nous préférons les supposer plus nombreuses qu'elles ne sont. Certains camarades aiment mieux ne pas y penser sérieusement. Mais elles sont une réalité; nous devons reconnaître autant de difficultés qu'il y en a et nous garder d'adopter à leur égard une attitude de « non-reconnaissance ». Il faut les reconnaître, les analyser et les combattre. Il n'y a pas de routes droites dans le monde; nous devons être prêts à suivre une route tortueuse, sans essayer d'obtenir les choses à peu de frais. Il ne faut pas s'imaginer qu'un beau matin tous les réactionnaires tomberont à genoux de leur propre mouvement. En un mot, l'avenir est radieux, mais notre chemin est tortueux. Nous avons encore devant nous beaucoup de difficultés qu'il ne faut pas négliger. En nous unissant avec le peuple tout entier dans un effort commun, nous pourrons certainement les surmonter toutes et parvenir à la victoire.

> « Sur les négociations de Tchongking »
> (17 octobre 1945), *Œuvres choisies de Mao
> Tsé-toung*, tome IV.

Celui qui ne voit que le côté radieux des choses et ne remarque pas les difficultés ne pourra lutter avec succès pour l'accomplissement des tâches qui se posent au Parti.

> « Du gouvernement de coalition » (24 avril
> 1945), *Œuvres choisies de Mao Tsé-toung*,
> tome III.

Les richesses de la société sont créées par les ouvriers, les paysans et les intellectuels-travailleurs. S'ils prennent en main leur propre destinée, suivent une ligne marxiste-léniniste et s'appliquent à résoudre activement les problèmes, au lieu de les éluder, ils pourront toujours venir à bout de n'importe quelle difficulté dans le monde.

> Note sur l'article : « Le Secrétaire du Parti
> prend la tâche en main et tous les membres
> du Parti participent à l'établissement des
> coopératives » (1955), *L'Essor du socia-
> lisme dans les campagnes chinoises*.

Les camarades du Parti doivent tenir pleinement compte de toutes les difficultés et être prêts à les surmonter systématiquement avec une volonté indomptable. Les forces réactionnaires ont leurs difficultés, et nous avons les nôtres. Mais celles des forces réactionnaires sont insurmontables, parce que ces forces s'acheminent vers la mort, sans aucune perspective d'avenir. Les nôtres peuvent être surmontées, parce que nous sommes des forces jeunes et montantes ayant un avenir lumineux.

> « Pour saluer le nouvel essor de la révolu-
> tion chinoise » (1er février 1947), *Œuvres
> choisies de Mao Tsé-toung*, tome IV.

Que nos camarades, dans les moments difficiles, ne perdent pas de vue nos succès, qu'ils discernent notre avenir lumineux et redoublent de courage.

> « Servir le peuple » (8 septembre 1944),
> *Œuvres choisies de Mao Tsé-toung*, tome III.

C'est à travers les difficultés et les vicissitudes que grandit le nouveau. Ce serait une pure illusion de croire que sur la voie du socialisme on peut éviter les difficultés et les détours, qu'on peut se passer de faire le maximum d'efforts, qu'il suffit de se laisser pousser par le vent et que le succès vient facilement.

> « De la juste solution des contradictions au sein du peuple » (27 février 1957).

A certains moments de la lutte révolutionnaire, les difficultés l'emportent sur les conditions favorables; en ce cas, les difficultés constituent l'aspect principal de la contradiction et les conditions favorables l'aspect secondaire. Néanmoins, les révolutionnaires réussissent par leurs efforts à surmonter progressivement les difficultés, à créer des conditions nouvelles, favorables; alors la situation défavorable cède la place à une situation favorable.

> « De la contradiction » (Août 1937), *Œuvres choisies de Mao Tsé-toung*, tome I.

Qu'est-ce que travailler? Travailler, c'est lutter. Il y a là-bas des difficultés et des problèmes qu'il nous incombe de résoudre. C'est pour vaincre ces difficultés que nous y allons travailler et lutter. Un bon camarade est celui qui tient d'autant plus à aller dans un endroit que les difficultés y sont plus grandes.

> « Sur les négociations de Tchongking » (17 octobre 1945), *Œuvres choisies de Mao Tsé-toung*, tome IV.

Dans la Chine antique il y avait une fable intitulée « Comment Yukong déplaça les montagnes ». On y raconte qu'il était une fois, en Chine septentrionale, un vieillard appelé Yukong des Montagnes du Nord. Sa maison donnait, au sud, sur deux grandes montagnes, le Taihang et le Wangwou, qui en barraient les abords. Yukong décida d'enlever, avec l'aide de ses fils, ces deux montagnes à coups de pioche. Un autre vieillard, nommé Tcheseou, les voyant à l'œuvre, éclata de rire et leur dit : « Quelle sottise faites-vous là ! Vous n'arriverez jamais, à vous seuls, à enlever ces deux montagnes ! » Yukong lui répondit : « Quand je mourrai, il y aura mes fils ; quand ils mourront à leur tour, il y aura les petits-enfants, ainsi les générations se succéderont sans fin. Si hautes que soient ces montagnes, elles ne pourront plus grandir ; à chaque coup de pioche, elles diminueront d'autant ; pourquoi donc ne parviendrions-nous pas à les aplanir ? » Après avoir réfuté les vues erronées de Tcheseou, Yukong, inébranlable, continua de piocher, jour après jour. Cela émut le Ciel, qui envoya sur terre deux anges emporter ces montagnes sur leur dos. Aujourd'hui, il y a également deux grosses montagnes qui pèsent lourdement sur le peuple chinois : l'une est l'impérialisme, l'autre le féodalisme. Le Parti communiste chinois a décidé depuis longtemps de les enlever. Nous devons persévérer dans notre tâche et y travailler sans relâche, nous aussi nous arriverons à émouvoir le Ciel. Notre Ciel à nous n'est autre que la masse du peuple chinois. Si elle se lève tout entière pour enlever avec nous ces deux montagnes, comment ne pourrions-nous pas les aplanir ?

> « Comment Yukong déplaça les montagnes » (11 juin 1945), *Œuvres choisies de Mao Tsé-toung*, tome III.

CHAPITRE XXII

Méthodes de pensée et de travail

L'histoire de l'humanité est un mouvement constant du règne de la nécessité vers le règne de la liberté. Le processus est sans fin. Dans une société où subsistent des classes, la lutte de classes ne saurait avoir de fin; et la lutte entre le nouveau et l'ancien, entre le vrai et le faux dans la société sans classes se poursuivra indéfiniment. Dans les domaines de la lutte pour la production et de l'expérimentation scientifique, l'humanité ne cessera jamais de progresser et la nature de se développer, jamais elles ne s'arrêteront à un certain niveau. Aussi l'homme doit-il constamment faire le bilan de son expérience, découvrir, inventer, créer et progresser. Les points de vue inspirés par l'immobilisme, le pessimisme, le sentiment d'impuissance, l'orgueil et la présomption sont erronés. Et cela parce qu'ils ne correspondent pas à la réalité historique du développement de la société humaine depuis environ un million d'années, ni à la réalité historique de la nature portée jusqu'à présent à notre connaissance (par exemple la nature telle qu'elle est reflétée par l'histoire des corps célestes, de la terre, de la vie et des autres sciences de la nature).

> Cité dans le « Rapport sur les travaux du gouvernement présenté par le premier ministre Chou En-laï à la première session de la IIIe Assemblée populaire nationale » (21-22 décembre 1964).

Les hommes se servent des sciences de la nature comme d'une arme dans leur lutte pour la liberté. En vue de conquérir leur liberté sur le plan social, ils se servent des sciences sociales pour comprendre la société, la transformer et entreprendre la révolution sociale. En vue de conquérir leur liberté dans la nature, ils se servent des sciences de la nature pour l'étudier, la dompter et la transformer, et obtiendront leur liberté de la nature même.

> Allocution à la cérémonie de la fondation de la Société d'Études sur les Sciences de la Nature de la Région frontière (5 février 1940).

La philosophie marxiste — le matérialisme dialectique — a deux particularités évidentes. La première, c'est son caractère de classe : elle affirme ouvertement que le matérialisme dialectique sert le prolétariat ; la seconde, c'est son caractère pratique : elle met l'accent sur le fait que la théorie dépend de la pratique, que la théorie se fonde sur la pratique et, à son tour, sert la pratique.

> « De la pratique (Juillet 1937), *Œuvres choisies de Mao Tsé-toung*, tome I.

La philosophie marxiste estime que l'essentiel, ce n'est pas de comprendre les lois du monde objectif pour être en état de l'expliquer, mais c'est d'utiliser la connaissance de ces lois pour transformer activement le monde.

> « De la pratique (Juillet 1937), *Œuvres choisies de Mao Tsé-toung*, tome I.

D'où viennent les idées justes ? Tombent-elles du ciel ? Non. Sont-elles innées ? Non. Elles ne peuvent venir que de la pratique sociale, de trois sortes de pratique sociale : la lutte pour la production, la lutte de classes et l'expérimentation scientifique.

> « D'où viennent les idées justes ? » (Mai 1963).

L'existence sociale des hommes détermine leur pensée. Et les idées justes qui sont le propre d'une classe d'avant-garde deviennent, dès qu'elles pénètrent les masses, une force matérielle capable de transformer la société et le monde.

> « D'où viennent les idées justes? » (Mai 1963).

Engagés dans des luttes diverses au cours de leur pratique sociale, les hommes acquièrent une riche expérience, qu'ils tirent de leurs succès comme de leurs revers. D'innombrables phénomènes du monde extérieur objectif sont reflétés dans le cerveau par le canal des cinq organes des sens — la vue, l'ouïe, l'odorat, le goût et le toucher; ainsi se constitue, au début, la connaissance sensible. Quand ces données sensibles se sont suffisamment accumulées, il se produit un bond par lequel elles se transforment en connaissance rationnelle, c'est-à-dire en idées. C'est là un processus de la connaissance. C'est le premier degré du processus général de la connaissance, le degré du passage de la matière, qui est objective, à l'esprit, qui est subjectif, de l'être à la pensée. A ce degré, il n'est pas encore prouvé que l'esprit ou la pensée (donc les théories, la politique, les plans, les moyens d'action envisagés) reflètent correctement les lois du monde objectif; il n'est pas encore possible de déterminer s'ils sont justes ou non. Vient ensuite le second degré du processus de la connaissance, le degré du passage de l'esprit à la matière, de la pensée à l'être : il s'agit alors d'appliquer dans la pratique sociale la connaissance acquise au cours du premier degré, pour voir si ces théories, politique, plans, moyens d'action, etc. produisent les résultats attendus. En général, est juste ce qui réussit, est faux ce qui échoue; cela est vrai surtout de la lutte des hommes contre la nature. Dans la lutte sociale, les forces qui représentent la classe d'avant-garde subissent parfois des revers, non qu'elles aient des idées fausses, mais parce que, dans le rapport des forces qui s'affrontent, elles sont temporairement moins puissantes que les forces de la réaction; de là viennent leurs échecs provisoires, mais elles finissent toujours par triompher. En passant par le creuset de la pratique, la connaissance humaine fait donc un autre bond, d'une plus grande signification encore que le précédent. Seul, en effet, ce bond permet d'éprouver la valeur du premier, c'est-à-dire de s'assurer si les idées, théories, politique, plans, moyens d'action, etc. élaborés au cours du processus de réflexion du monde objectif sont justes ou faux; il n'y a pas d'autre moyen de faire l'épreuve de la vérité.

> « D'où viennent les idées justes? » (Mai 1963).

Pour que s'achève le mouvement qui conduit à une connaissance juste, il faut souvent mainte répétition consistant à passer de la matière à l'esprit, puis de l'esprit à la matière, c'est-à-dire de la pratique à la connaissance, puis de la connaissance à la pratique. Telle est la théorie marxiste de la connaissance, la théorie matérialiste-dialectique de la connaissance.

> « D'où viennent les idées justes? » (Mai 1963).

Quiconque veut connaître un phénomène ne peut y arriver sans se mettre en contact avec lui, c'est-à-dire sans vivre (se livrer à la pratique) dans le milieu même de ce phénomène. ... Si l'on veut acquérir des connaissances, il faut prendre part à la pratique qui transforme la réalité. Si l'on veut connaître le goût d'une poire, il faut la transformer : en la goûtant. ... Si l'on veut connaître la théorie et les méthodes de la révolution, il faut prendre part à la révolution. Toutes les connaissances authentiques sont issues de l'expérience immédiate.

> « De la pratique » (Juillet 1937), *Œuvres choisies de Mao Tsé-toung*, tome I.

La connaissance commence avec la pratique; quand on a acquis par la pratique des connaissances théoriques, on doit encore retourner à la pratique. Le rôle actif de la connaissance ne s'exprime pas seulement dans le bond actif de la connaissance sensible à la connaissance rationnelle, mais encore, ce qui est plus important, il doit s'exprimer dans le bond de la connaissance rationnelle à la pratique révolutionnaire.

> « De la pratique » (Juillet 1937), *Œuvres choisies de Mao Tsé-toung*, tome I.

Personne n'ignore que, quelle que soit la chose qu'on entreprenne, on ne peut connaître les lois qui la régissent, on ne sait comment la réaliser et on ne peut la mener à bien que si l'on en comprend les conditions, le caractère et les rapports avec les autres choses.

> « Problèmes stratégiques de la guerre révolutionnaire en Chine » (Décembre 1936), *Œuvres choisies de Mao Tsé-toung*, tome I.

Si l'on veut obtenir des succès dans son travail, c'est-à-dire arriver aux résultats attendus, on doit faire en sorte que ses idées correspondent aux lois du monde extérieur objectif; si tel n'est pas le cas, on échoue dans la pratique. Après avoir subi un échec, on en tire la leçon, on modifie ses idées de façon à les faire correspondre aux lois du monde extérieur et on peut ainsi transformer l'échec en succès; c'est ce qu'expriment les maximes : « La défaite est la mère du succès » et « Chaque insuccès nous rend plus avisés ».

> « De la pratique » (Juillet 1937), *Œuvres choisies de Mao Tsé-toung*, tome I.

Nous sommes des marxistes et le marxisme nous enseigne que, pour aborder un problème, il faut partir non des définitions abstraites, mais des faits objectifs, et déterminer au moyen de l'analyse de ces faits notre orientation, notre politique, nos méthodes.

> « Interventions aux causeries sur la littérature et l'art à Yenan » (Mai 1942), *Œuvres choisies de Mao Tsé-toung*, tome III.

La méthode de travail fondamentale, qui doit être ancrée dans l'esprit de tout communiste, c'est de déterminer la ligne à suivre d'après les conditions réelles. L'examen des erreurs commises montre qu'elles sont toutes dues au fait que nous nous sommes écartés de la réalité à un moment et en un lieu donnés, et que nous avons déterminé de façon subjective la ligne à suivre pour notre travail.

> « Discours prononcé à une conférence des cadres de la région libérée du Chansi-Soueiyuan » (1er avril 1948), *Œuvres choisies de Mao Tsé-toung*, tome IV.

Rien de plus commode au monde que l'attitude idéaliste et métaphysique, car elle permet de débiter n'importe quoi, sans tenir compte de la réalité objective et sans se soumettre au contrôle de celle-ci. Au contraire, le matérialisme et la dialectique exigent des efforts; ils veulent que l'on parte de la réalité objective, que l'on se soumette à son contrôle. Si l'on ne fait pas d'effort, on risque de glisser dans l'idéalisme et la métaphysique.

> Note sur les « Documents à propos du groupe contre-révolutionnaire de Hou Feng » (Mai 1955).

Nous devons saisir chaque chose dans sa substance même et ne considérer les manifestations extérieures que comme un chemin menant à la porte dont il faut franchir le seuil pour pénétrer vraiment la substance de cette chose. C'est là la seule méthode d'analyse qui soit sûre et scientifique.

> « Une étincelle peut mettre le feu à toute la plaine » (5 janvier 1930), *Œuvres choisies de Mao Tsé-toung*, tome I.

La cause fondamentale du développement des choses et des phénomènes n'est pas externe, mais interne; elle se trouve dans les contradictions internes des choses et des phénomènes eux-mêmes. Toute chose, tout phénomène implique ces contradictions d'où procèdent son mouvement et son développement. Ces contradictions, inhérentes aux choses et aux phénomènes, sont la cause fondamentale de leur développement, alors que leur liaison mutuelle et leur action réciproque n'en constituent que les causes secondes.

« De la contradiction » (Août 1937), *Œuvres choisies de Mao Tsé-toung*, tome I.

La dialectique matérialiste considère que les causes externes constituent la condition des changements, que les causes internes en sont la base, et que les causes externes opèrent par l'intermédiaire des causes internes. L'œuf qui a reçu une quantité appropriée de chaleur se transforme en poussin, mais la chaleur ne peut transformer une pierre en poussin, car leurs bases sont différentes.

« De la contradiction » (Août 1937), *Œuvres choisies de Mao Tsé-toung*, tome I.

La philosophie marxiste considère que la loi de l'unité des contraires est la loi fondamentale de l'univers. Cette loi agit universellement aussi bien dans la nature que dans la société humaine et dans la pensée des hommes. Entre les aspects opposés de la contradiction, il y a à la fois unité et lutte, c'est cela même qui pousse les choses et les phénomènes à se mouvoir et à changer. L'existence des contradictions est universelle, mais elles revêtent un caractère différent selon le caractère des choses et des phénomènes. Pour chaque chose ou phénomène concret, l'unité des contraires est conditionnée, passagère, transitoire et, pour cette raison, relative, alors que la lutte des contraires est absolue.

« De la juste solution des contradictions au sein du peuple » (27 février 1957).

La méthode analytique, c'est la méthode dialectique. Par analyse, on entend l'analyse des contradictions inhérentes aux choses
et aux phénomènes. Sans bien connaître la réalité de la vie, sans
comprendre véritablement les contradictions dont il s'agit, il est
impossible de faire une analyse judicieuse.

> « Intervention à la Conférence nationale du
> Parti communiste chinois sur le Travail de
> Propagande » (12 mars 1957).

L'analyse concrète d'une situation concrète, a dit Lénine, est
« la substance même, l'âme vivante du marxisme ». Beaucoup de
nos camarades, à qui l'esprit analytique fait défaut, ne cherchent
pas à analyser et à étudier les questions complexes, de façon ré-
pétée et approfondie, mais préfèrent tirer des conclusions simplistes, absolument affirmatives ou absolument négatives. ... Il
faut désormais remédier à cet état de choses.

> « Notre étude et la situation actuelle »
> (12 avril 1944), *Œuvres choisies de Mao
> Tsé-toung*, tome III.

La façon dont certains camarades envisagent les choses n'est pas
juste. Ils ne considèrent pas ce qui est essentiel, dominant, et in-
sistent sur des questions non essentielles, secondaires. Je ne dis pas
que celles-ci doivent être négligées : il faut les résoudre une à une.
Mais nous ne devons pas les confondre avec ce qui est essentiel,
dominant, sous peine de perdre notre orientation.

> « Sur le problème de la coopération agri-
> cole » (31 juillet 1955).

En ce monde, les choses sont complexes et beaucoup de facteurs les déterminent. Il nous faut examiner un problème sous ses différents aspects, et non sous un seul.

> « Sur les négociations de Tchongking »
> (17 octobre 1945), *Œuvres choisies de Mao Tsé-toung*, tome IV.

Seuls les gens qui ont une vue subjective, unilatérale et superficielle des problèmes se mêlent de donner présomptueusement des ordres ou des instructions dès qu'ils arrivent dans un endroit nouveau, sans s'informer de l'état de la situation, sans chercher à voir les choses dans leur ensemble (leur histoire et leur état présent considéré comme un tout) ni à en pénétrer l'essence même (leur caractère et leur liaison interne); il est inévitable que de telles gens trébuchent.

> « De la pratique » (Juillet 1937), *Œuvres choisies de Mao Tsé-toung*, tome I.

Dans l'étude d'une question, il faut se garder d'être subjectif, d'en faire un examen unilatéral et d'être superficiel. Être subjectif, c'est ne pas savoir envisager une question objectivement, c'est-à-dire d'un point de vue matérialiste. J'en ai déjà parlé dans « De la pratique ». L'examen unilatéral consiste à ne pas savoir envisager les questions sous tous leurs aspects, ... ou encore à voir la partie et non le tout, à voir les arbres et non la forêt. Si l'on procède ainsi, il est impossible de trouver la méthode pour résoudre les contradictions, impossible de s'acquitter des tâches de la révolution, impossible de mener à bien le travail qu'on fait, impossible de développer correctement la lutte idéologique dans le Parti. Quand Souentse, traitant de l'art militaire, disait : « Connais ton adversaire et connais-toi toi-même, et tu pourras sans risque livrer cent batailles, » il parlait des deux parties belligérantes. Wei Tcheng, sous la dynastie des Tang, comprenait lui aussi l'erreur d'un examen unilatéral lorsqu'il disait : « Qui écoute les deux côtés aura l'esprit éclairé, qui n'écoute qu'un côté restera

dans les ténèbres. » Mais nos camarades voient souvent les problèmes d'une manière unilatérale et, de ce fait, il leur arrive souvent d'avoir des anicroches. ... Lénine dit : « Pour connaître réellement un objet, il faut embrasser et étudier tous ses aspects, toutes
ses liaisons et « médiations ». Nous n'y arriverons jamais intégralement, mais la nécessité de considérer tous les aspects nous
garde des erreurs et de l'engourdissement. » Nous devons retenir
ses paroles. Être superficiel, c'est ne pas tenir compte des particularités de la contradiction dans son ensemble, ni des particularités
de chacun de ses aspects, nier la nécessité d'aller au fond des choses
et d'étudier minutieusement les particularités de la contradiction,
se contenter de regarder de loin et, après une observation approxi-
mative de quelques traits superficiels de la contradiction, essayer
immédiatement de la résoudre (de répondre à une question, de
trancher un différend, de régler une affaire, de diriger une opéra-
tion militaire). Une telle manière de procéder entraîne toujours des
conséquences fâcheuses. ... Envisager les choses d'une manière
unilatérale et superficielle, c'est encore du subjectivisme, car, dans
leur être objectif, les choses sont en fait liées les unes aux autres
et possèdent des lois internes; or, il est des gens qui, au lieu de
refléter les choses telles qu'elles sont, les considèrent d'une manière unilatérale ou superficielle, sans connaître leur liaison mutuelle ni leurs lois internes; une telle méthode est donc subjective.

> « De la contradiction » (Août 1937),
> *Œuvres choisies de Mao Tsé-toung*, tome I.

Regarder un seul côté des choses, c'est penser dans l'absolu,
c'est envisager les problèmes métaphysiquement. Quand il s'agit
d'apprécier notre travail, c'est faire preuve d'une vue unilatérale
que de l'approuver entièrement comme de le condamner en bloc.
... Tout approuver, c'est voir seulement le bon côté et non le
mauvais, c'est admettre seulement les louanges et non les critiques.
Prétendre que tout va bien dans notre travail ne correspond pas à
la réalité. En effet, tout ne marche pas à souhait, et il existe encore
des insuffisances et des erreurs. Mais que tout aille mal ne correspond pas non plus à la réalité. Une analyse est donc nécessaire.

Tout condamner, c'est considérer, sans esprit d'analyse, que tout est mal fait, que rien ne mérite d'être loué dans une œuvre aussi grandiose que l'édification socialiste, dans cette grande lutte menée par plusieurs centaines de millions d'hommes, et que tout n'y serait que gâchis. Il ne faut certes pas confondre les nombreux partisans de ces vues avec les éléments hostiles au régime socialiste, néanmoins leurs vues sont tout à fait fausses et extrêmement nuisibles, elles ne peuvent que nous décourager. Pour juger notre travail, l'approbation exclusive est aussi fausse que la négation exclusive.

> « Intervention à la Conférence nationale du Parti communiste chinois sur le Travail de Propagande » (12 mars 1957).

En examinant une question, le marxiste doit voir le tout aussi bien que les parties. Une grenouille, dans un puits, disait que « le ciel n'est pas plus grand que la bouche du puits ». Cela est inexact, puisque le ciel n'est pas limité aux dimensions de la bouche du puits. Si elle avait dit « une partie du ciel est de la dimension de la bouche du puits », elle aurait dit vrai, parce que cela est conforme à la réalité.

> « La Tactique de la lutte contre l'impérialisme japonais » (27 décembre 1935), *Œuvres choisies de Mao Tsé-toung*, tome I.

Nous devons apprendre à examiner les questions sous tous leurs aspects, à voir non seulement la face mais aussi le revers des choses et des phénomènes. Dans des conditions déterminées, quelque chose de mauvais peut produire de bons résultats et, à son tour, quelque chose de bon peut en produire de mauvais.

> « De la juste solution des contradictions au sein du peuple » (27 février 1957).

Tout en reconnaissant que dans le cours général du développement historique le matériel détermine le spirituel, l'être social détermine la conscience sociale, nous reconnaissons et devons reconnaître l'action en retour du spirituel sur le matériel, de la conscience sociale sur l'être social, de la superstructure sur la base économique. Ce faisant, nous ne contredisons pas le matérialisme, mais, évitant de tomber dans le matérialisme mécaniste, nous nous en tenons fermement au matérialisme dialectique.

« De la contradiction » (Août 1937), *Œuvres choisies de Mao Tsé-toung*, tome I.

Ceux qui dirigent la guerre ne peuvent s'attendre à remporter la victoire en sortant du cadre défini par les conditions objectives, mais ils peuvent et ils doivent s'efforcer de remporter la victoire, par leur action consciente, dans ce cadre même. La scène où se déroulent leurs activités est bâtie sur ce qui est permis par les conditions objectives, mais ils peuvent, sur cette scène, conduire des actions magnifiques, d'une grandeur épique.

« De la guerre prolongée » (Mai 1938), *Œuvres choisies de Mao Tsé-toung*, tome II.

Les idées des hommes doivent s'adapter aux changements de circonstances. Bien entendu, nul ne doit donner libre cours à des idées sans fondement, élaborer des plans d'action qui aillent au-delà des conditions objectives, et tenter d'entreprendre malgré tout ce qui est en fait impossible. Mais, le problème qui se pose aujourd'hui est toujours celui de l'action néfaste des idées conservatrices de droite qui, dans de nombreux domaines, empêche d'adapter le travail au développement des conditions objectives. Actuellement le problème est que beaucoup de gens jugent impossible d'accomplir ce qui pourrait être accompli au prix de certains efforts.

Préface de *L'Essor du socialisme dans les campagnes chinoises* (27 décembre 1955).

Nous devons toujours utiliser notre cerveau et bien réfléchir à chaque chose. Un dicton affirme : « Un froncement de sourcils, et un stratagème vient à l'esprit. » En d'autres termes, mûre réflexion engendre sagesse. Pour nous débarrasser de la pratique, répandue dans notre Parti, d'agir à l'aveuglette, nous devons encourager nos camarades à réfléchir, à apprendre la méthode de l'analyse et à en cultiver l'habitude.

« Notre étude et la situation actuelle » (12 avril 1944), *Œuvres choisies de Mao Tsé-toung*, tome III.

Si un processus comporte plusieurs contradictions, il y en a nécessairement une qui est la principale et qui joue le rôle dirigeant, déterminant, alors que les autres n'occupent qu'une position secondaire, subordonnée. Par conséquent, dans l'étude de tout processus complexe où il existe deux contradictions ou davantage, nous devons nous efforcer de trouver la contradiction principale. Lorsque celle-ci est trouvée, tous les problèmes se résolvent aisément.

« De la contradiction » (Août 1937), *Œuvres choisies de Mao Tsé-toung*, tome I.

Des deux aspects contradictoires, l'un est nécessairement principal, l'autre secondaire. Le principal, c'est celui qui joue le rôle dominant dans la contradiction. Le caractère des choses et des phénomènes est surtout déterminé par cet aspect principal de la contradiction, lequel occupe la position dominante.

Mais cette situation n'est pas statique; l'aspect principal et l'aspect secondaire de la contradiction se convertissent l'un en l'autre et le caractère des phénomènes change en conséquence.

« De la contradiction » (Août 1937), *Œuvres choisies de Mao Tsé-toung*, tome I.

Il ne suffit pas de fixer les tâches, il faut encore résoudre le problème des méthodes qui permettent de les accomplir. Supposons que notre tâche soit de traverser une rivière; nous n'y arriverons pas si nous n'avons ni pont ni bateau. Tant que la question du pont ou du bateau n'est pas résolue, à quoi bon parler de traverser la rivière? Tant que la question des méthodes n'est pas résolue, discourir sur les tâches n'est que bavardage inutile.

> « Soucions-nous davantage des conditions de vie des masses et portons plus d'attention à nos méthodes de travail » (27 janvier 1934), *Œuvres choisies de Mao Tsétoung*, tome I.

Si on ne lance pas un appel général, il est impossible de mobiliser les larges masses pour l'accomplissement de quelque tâche que ce soit. Mais si les dirigeants se bornent à cet appel général, s'ils ne s'occupent pas personnellement, de façon concrète et approfondie, dans certaines des organisations, de l'exécution du travail pour lequel ils ont lancé l'appel — en sorte que, ayant obtenu un premier succès, ils puissent, grâce à l'expérience acquise, orienter le travail dans les autres secteurs qu'ils dirigent —, ils ne seront pas à même de vérifier si l'appel général est juste, ni d'enrichir son contenu; et alors cet appel général risquera de n'aboutir à rien.

> « A propos des méthodes de direction » (1er juin 1943), *Œuvres choisies de Mao Tsétoung*, tome III.

Aucun dirigeant ne peut assumer la direction générale des unités qui lui sont confiées s'il n'acquiert pas l'expérience pratique du travail dans quelques-unes des unités qui lui sont subordonnées, avec certaines personnes et sur des questions déterminées.

Il faut populariser largement cette méthode, afin que les cadres dirigeants à tous les échelons sachent l'appliquer.

> « A propos des méthodes de direction »
> (1ᵉʳ juin 1943), *Œuvres choisies de Mao Tsé-toung*, tome III.

Dans une région, il ne saurait y avoir en même temps plusieurs tâches centrales; pendant une période donnée, il ne peut y en avoir qu'une, à laquelle s'ajoutent d'autres de deuxième ou de troisième ordre. C'est pourquoi le principal responsable d'une région doit, en tenant compte de l'histoire et des circonstances de la lutte dans cette région, accorder à chacune des tâches la place qui lui revient, et ne pas agir sans aucun plan, en passant d'une tâche à l'autre au fur et à mesure que les instructions lui parviennent, car cela donnerait lieu à autant de « tâches centrales » et aboutirait à la confusion et au désordre. Les instances supérieures, pour leur part, ne doivent pas assigner aux services subordonnés beaucoup de tâches à la fois sans les classer selon leur degré d'importance et d'urgence et sans spécifier laquelle est la tâche centrale; car cela désorganiserait le travail des instances inférieures et les empêcherait d'obtenir les résultats prévus. Un dirigeant doit, conformément aux conditions historiques et aux circonstances existant dans une région donnée, considérer la situation dans son ensemble, prendre une décision correcte concernant le centre de gravité et l'agencement du travail pour une période déterminée, puis appliquer fermement la décision prise et faire en sorte que soient obtenus des résultats certains; voilà l'une des méthodes dans l'art de diriger.

> « A propos des méthodes de direction »
> (1ᵉʳ juin 1943), *Œuvres choisies de Mao Tsé-toung*, tome III.

Il faut se mettre constamment au courant de la marche du travail, échanger les expériences et corriger les erreurs; il ne faut pas attendre plusieurs mois, un semestre ou une année pour faire, dans des réunions récapitulatives, la somme des erreurs et procéder à une rectification générale. L'attente entraînerait de graves préjudices, alors qu'on en subit moins si les erreurs sont corrigées au fur et à mesure qu'elles surgissent.

> « A propos de la politique concernant l'industrie et le commerce » (27 février 1948), *Œuvres choisies de Mao Tsé-toung*, tome IV.

N'attendez pas, pour les résoudre, que les problèmes s'accumulent et donnent lieu à de multiples complications. Les dirigeants doivent prendre la tête du mouvement et non pas rester à la traîne.

> Note sur l'article : « Le Travail saisonnier à la tâche » (1955), *L'Essor du socialisme dans les campagnes chinoises*.

Ce qu'il nous faut, c'est un état d'esprit enthousiaste mais calme, et une activité intense mais bien ordonnée.

> « Problèmes stratégiques de la guerre révolutionnaire en Chine » (Décembre 1936), *Œuvres choisies de Mao Tsé-toung*, tome I.

CHAPITRE XXIII

Enquêtes et recherches

Tous ceux qui font un travail pratique doivent mener des enquêtes à la base. Pour ceux qui ne comprennent que la théorie sans rien connaître de la situation réelle, il est encore plus nécessaire de procéder à de telles enquêtes, sous peine de ne pouvoir lier la théorie à la pratique. « Sans enquête, pas de droit à la parole » : cette assertion, qu'on a tournée en dérision en la taxant d' « empirisme étroit », je n'ai jamais regretté de l'avoir avancée; je persiste au contraire à soutenir qu'à moins d'avoir enquêté, on ne peut prétendre au droit à la parole. Il en est beaucoup qui, « à peine descendus de leur char », s'égosillent, prononcent des harangues, distribuent leurs avis, critiquant ceci, blâmant cela; dans le fait, sur dix de ces gens, il y en a dix qui essuieront un échec. Car leurs discours, leurs critiques, qui ne sont fondés sur aucune enquête minutieuse, ne sont que bavardages. Les torts causés à notre Parti par ces « envoyés impériaux » sont innombrables. Et ces « envoyés impériaux » sont omniprésents, presque partout on en rencontre. Staline dit fort justement que « la théorie devient sans objet si elle n'est pas rattachée à la pratique révolutionnaire ». Bien entendu, il a encore raison d'ajouter que « la pratique devient aveugle si sa voie n'est pas éclairée par la théorie révolutionnaire ». Hormis ces praticiens aveugles, sans perspectives ni prévoyance, nul ne peut être accusé d' « empirisme étroit ».

> « Préface et postface aux *Enquêtes à la campagne* » (Mars et avril 1941), *Œuvres choisies de Mao Tsé-toung*, tome III.

Une telle attitude consiste à rechercher la vérité dans les faits. Les faits, ce sont les choses et les phénomènes tels qu'ils existent objectivement; la vérité, c'est le lien interne de ces choses et phénomènes, c'est-à-dire les lois qui les régissent; rechercher, c'est étudier. Nous devons partir de la situation réelle à l'intérieur et à l'extérieur du pays, de la province, du district et de l'arrondissement, en dégager, pour guider notre action, les lois qui sont propres à cette situation et non pas engendrées par notre imagination, c'est-à-dire trouver le lien interne des événements qui se déroulent autour de nous. Pour cela, nous devons, en comptant non sur nos idées subjectives, sur l'élan d'un instant, sur la connaissance livresque, mais sur les faits tels qu'ils existent objectivement, recueillir minutieusement les matériaux et, à la lumière des principes généraux du marxisme-léninisme, en tirer des conclusions justes.

« Réformons notre étude » (Mai 1941),
Œuvres choisies de Mao Tsé-toung, tome III.

Nombre de camarades du Parti ont encore un très mauvais style de travail, diamétralement opposé à l'esprit même du marxisme-léninisme; ils sont comme l'homme qui « tente d'attraper un moineau les yeux bandés » ou comme « l'aveugle qui cherche à saisir un poisson », ils ne travaillent pas soigneusement, se complaisent dans des bavardages prétentieux et se contentent de bribes de connaissances mal assimilées. Marx, Engels, Lénine et Staline nous enseignent qu'il faut étudier consciencieusement la situation, en partant de la réalité objective et non de nos désirs subjectifs. Et pourtant, nombre de nos camarades agissent directement à l'encontre de cette vérité.

« Réformons notre étude » (Mai 1941),
Œuvres choisies de Mao Tsé-toung, tome III.

Vous ne pouvez pas résoudre un problème? Eh bien! allez vous informer de son état actuel et de son historique! Quand votre enquête vous aura permis de tout élucider, vous saurez comment le résoudre. Les conclusions se dégagent au terme de l'enquête et non à son début. Il n'y a que les sots qui, seuls ou à plusieurs, sans faire aucune enquête, se mettent l'esprit à la torture pour « trouver une solution », « découvrir une idée ». Sachons bien qu'aucune bonne solution, aucune bonne idée ne peut sortir de là.

« Contre le culte du livre » (Mai 1930).

L'enquête est comparable à une longue gestation, et la solution d'un problème au jour de la délivrance. Enquêter sur un problème, c'est le résoudre.

« Contre le culte du livre » (Mai 1930).

Nous devons procéder à des enquêtes et recherches systématiques et minutieuses sur la réalité environnante, en appliquant la théorie et la méthode marxistes-léninistes. Dans notre travail, ne nous fions pas à notre seul enthousiasme, mais agissons, comme le dit Staline, en unissant l'élan révolutionnaire et le sens pratique.

« Réformons notre étude » (Mai 1941),
Œuvres choisies de Mao Tsé-toung, tome III.

La seule méthode qui permette de connaître une situation, c'est d'enquêter sur la société, sur la réalité vivante des classes sociales. Ceux qui assument un travail de direction se consacreront, suivant un plan défini, à quelques villes, quelques villages, pour y effectuer des enquêtes minutieuses, en appliquant le point de vue essentiel du marxisme, c'est-à-dire l'analyse des classes; voilà la méthode fondamentale pour connaître une situation.

« Préface et postface aux Enquêtes à la campagne » (Mars et avril 1941), Œuvres choisies de Mao Tsé-toung, tome III.

Une réunion d'enquête n'a pas besoin d'être bien nombreuse : trois à cinq personnes, mettons sept ou huit. Pour chaque réunion, il faut prendre tout le temps nécessaire, avoir un questionnaire préparé d'avance, poser les questions et noter les réponses soi-même, entrer en discussion avec les participants. L'enquête sera impossible, ou ne donnera pas de bons résultats, si l'on n'a pas un enthousiasme ardent, la détermination de se tourner vers la base, la soif de connaître, si l'on n'a pas le courage de rabattre son orgueil pour accepter d'être un écolier.

> « Préface et postface aux *Enquêtes à la campagne* » (Mars et avril 1941), *Œuvres choisies de Mao Tsé-toung*, tome III.

La juste disposition des troupes découle de la juste décision du commandant, et celle-ci, de la juste appréciation de la situation, appréciation fondée elle-même sur une reconnaissance minutieuse et indispensable, dont les renseignements ont été passés au crible d'une réflexion systématique. Le commandant utilise tous les moyens d'information possibles et nécessaires; il pèse les informations recueillies sur l'ennemi, rejetant la balle pour conserver le grain, écartant ce qui est fallacieux pour ne garder que le vrai, procédant d'une chose à une autre, de l'externe à l'interne; puis, tenant compte de ses propres conditions, il fait une étude comparée de la situation des deux parties et de leurs relations mutuelles ; alors il forme son jugement, prend sa décision et établit ses plans. Tel est le processus complet de la connaissance d'une situation par lequel un chef militaire doit passer avant d'élaborer son plan stratégique, son plan de campagne ou de combat.

> « Problèmes stratégiques de la guerre ré-volutionnaire en Chine » (Décembre 1936), *Œuvres choisies de Mao Tsé-toung*, tome I.

CHAPITRE XXIV

L'auto-éducation idéologique

Même si notre travail est couronné des plus grands succès, nous n'avons aucune raison de nous en glorifier. On fait des progrès quand on est modeste, tandis que l'orgueil fait retomber en arrière : gardons toujours cette vérité présente à l'esprit.

> « Allocution d'ouverture au VIIIᵉ Congrès du Parti communiste chinois » (15 septembre 1956).

Avec la victoire, certains états d'esprit peuvent se faire jour dans le Parti : orgueil, prétention d'être homme de mérite, inertie et répugnance à aller de l'avant, recherche des agréments de la vie et refus de mener encore une vie difficile. Avec la victoire, le peuple nous sera reconnaissant et la bourgeoisie viendra nous flatter. L'ennemi ne peut nous vaincre par la force des armes, ceci a été prouvé. Cependant, les flatteries de la bourgeoisie peuvent conquérir les volontés faibles dans nos rangs. Il peut y avoir de ces communistes que l'ennemi armé n'a pu vaincre, qui se conduisaient devant l'ennemi en héros dignes de ce nom, mais qui, incapables de résister aux balles enrobées de sucre, tomberont sous ces balles. Nous devons prévenir pareil état de choses.

> « Rapport à la deuxième session plénière du Comité central issu du VIIᵉ Congrès du Parti communiste chinois » (5 mars 1949), *Œuvres choisies de Mao Tsé-toung*, tome IV.

Beaucoup de choses peuvent devenir des charges, des fardeaux, si nous nous y attachons aveuglément et inconsciemment. Prenons quelques exemples. Si vous avez fait des fautes, peut-être avez-vous le sentiment que, de toute façon, elles vous resteront sur le dos, et vous voilà découragé; si vous n'avez pas commis d'erreurs, vous pouvez vous croire infaillible et en concevoir de la vanité. Le manque de succès dans le travail peut amener le pessimisme et l'abattement, tandis que la réussite peut susciter l'orgueil et l'arrogance. Un camarade qui n'a encore qu'une brève expérience de la lutte peut, de ce fait, se dérober aux responsabilités, tandis qu'un vétéran peut se buter à cause de son long passé de lutte. Le camarade ouvrier ou paysan, fier de son origine de classe, peut regarder de haut l'intellectuel, tandis que celui-ci, à cause des quelques connaissances qu'il possède, peut témoigner du dédain au camarade ouvrier ou paysan. Toute qualification profession- nelle peut devenir un capital personnel, qui mène à l'arrogance et au mépris d'autrui. Même l'âge qu'on a peut être un motif de vanité. Les jeunes, se croyant intelligents et capables, mésestiment les vieux; et ceux-ci, parce qu'ils sont riches d'expérience, dédai- gnent les jeunes. Tout cela devient charges ou fardeaux quand fait défaut la conscience critique.

> « Notre étude et la situation actuelle » (12 avril 1944), *Œuvres choisies de Mao Tsé-toung*, tome III.

Certains camarades qui travaillent dans l'armée sont devenus arrogants et se conduisent d'une manière arbitraire à l'égard des soldats, du peuple, du gouvernement et du Parti. Ils rendent res- ponsables de tout ce qui ne va pas les camarades travaillant sur le plan local; quant à eux, ils s'estiment au-dessus de tout repro- che; ils ne voient que leur succès et sont aveugles à leurs défauts; ils n'aiment que les louanges et ne peuvent supporter aucune critique. ... l'armée doit s'employer sérieusement à vaincre ces défauts.

> « Organisez-vous! » (29 novembre 1943), *Œuvres choisies de Mao Tsé-toung*, tome III.

Un dur travail est comme une charge placée devant nous et qui nous défie de la hisser sur nos épaules. Certaines charges sont légères, d'autres sont lourdes. Il y a des gens qui, préférant les charges légères aux lourdes, choisissent les légères et laissent les lourdes aux autres. Ce n'est pas une bonne attitude. D'autres camarades se comportent différemment ; ils laissent les avantages aux autres et portent eux-mêmes les lourdes charges ; ils sont les premiers à supporter les épreuves, les derniers à jouir du bien-être. Ce sont de bons camarades. Nous devons tous prendre exemple sur leur esprit communiste.

> « Sur les négociations de Tchongking »
> (17 octobre 1945), *Œuvres choisies de Mao Tsé-toung*, tome IV.

Ils ne sont pas rares les gens à qui manque le sens des responsabilités à l'égard du travail ; ils choisissent les tâches faciles et se dérobent aux besognes pénibles, laissant aux autres le fardeau le plus lourd et prenant la charge la plus légère. En toute chose, ils pensent d'abord à eux-mêmes et aux autres après. A peine ont-ils accompli quelque effort, craignant que les autres ne s'en soient pas aperçus, ils s'en vantent et s'enflent d'orgueil. Ils n'éprouvent point de sentiments chaleureux pour les camarades et le peuple, ils n'ont à leur égard que froideur, indifférence, insensibilité. En vérité, ces gens ne sont pas des communistes ou, du moins, ne peuvent être considérés comme de vrais communistes.

> « A la mémoire de Norman Béthune »
> (21 décembre 1939), *Œuvres choisies de Mao Tsé-toung*, tome II.

L'esprit d' « indépendance » est souvent inséparable de la tendance à mettre son « moi » au premier plan. Ses tenants abordent fréquemment d'une manière incorrecte le problème des rapports entre l'individu et le Parti. En paroles, ils respectent, eux aussi, le Parti, mais dans la pratique, ils mettent leur personne au premier

plan et le Parti au second. Le camarade Liou Chao-chi a dit de
certaines gens qu'ils ont la main particulièrement longue; ils
savent fort bien penser à eux-mêmes; quant aux intérêts des
autres et du Parti tout entier, ils n'en tiennent pas autrement
compte : « Ce qui est à moi est à moi, mais ce qui est à toi est
aussi à moi ». (*Éclats de rire*). Dans quel but ces gens se mettent-ils
en quatre? Ils recherchent les honneurs, une position, ils veulent
paraître. Quand ils ont la charge d'un secteur de travail, ils récla-
ment immédiatement leur « indépendance ». Dans ce but, ils
séduisent les uns, écartent les autres, recourant à la flatterie et au
racolage parmi les camarades, ils transportent dans le Parti communiste les mœurs viles des partis bourgeois. La malhonnêteté
les perd. J'estime qu'il nous faut travailler avec honnêteté. Sinon,
il est absolument impossible d'accomplir aucune tâche dans le
monde.

> « Pour un style correct de travail dans le
> Parti » (1er février 1942), *Œuvres choisies
> de Mao Tsé-toung*, tome III.

Les communistes doivent comprendre cette vérité : il est indispensable de subordonner les besoins de la partie à ceux de l'ensemble. Si une proposition correspond seulement à une situation
particulière, et non à la situation d'ensemble, il faut subordonner
la partie au tout. Il en va de même dans le cas inverse : si une proposition ne correspond pas à une situation particulière mais à la
situation d'ensemble, il faut également subordonner la partie au
tout. Voilà ce que veut dire tenir compte de la situation d'ensemble.

> « Le Rôle du Parti communiste chinois
> dans la guerre nationale » (Octobre 1938),
> *Œuvres choisies de Mao Tsé-toung*, tome II.

Le goût des plaisirs. Dans l'Armée rouge, nombreux sont ceux
chez qui l'individualisme se manifeste par le goût des plaisirs. Ils
voudraient toujours que nos troupes se dirigent vers les grandes

10

villes, non pour le travail, mais pour les plaisirs. Surtout, ils répugnent à travailler dans les régions rouges, où les conditions de vie sont difficiles.

> « L'Elimination des conceptions erronées dans le Parti » (Décembre 1929), *Œuvres choisies de Mao Tsé-toung*, tome I.

Il faut lutter contre les tendances particularistes qui consistent à ne tenir compte que des intérêts de son propre secteur en négligeant ceux des autres. Ceux qui restent indifférents devant les difficultés des autres, qui repoussent leurs demandes d'envoi de cadres ou ne leur en cèdent que de mauvais, « considérant le champ du voisin comme leur déversoir », qui se désintéressent complètement des autres unités, régions ou départements, sont des particularistes. Ils ont entièrement perdu l'esprit communiste. Le refus de considérer les intérêts de l'ensemble, l'indifférence totale à l'égard des autres unités, régions ou départements, telles sont leurs caractéristiques. Il faut renforcer l'éducation de ces gens pour leur faire comprendre que ce sont là des tendances sectaires qui, si on leur laissait libre cours, risqueraient de devenir très dangereuses.

> « Pour un style correct de travail dans le Parti » (1er février 1942), *Œuvres choisies de Mao Tsé-toung*, tome III.

Le libéralisme se manifeste sous diverses formes :

On sait très bien que quelqu'un est dans son tort, mais comme c'est une vieille connaissance, un compatriote, un camarade d'école, un ami intime, une personne aimée, un ancien collègue ou subordonné, on n'engage pas avec lui une discussion sur les principes et on laisse aller les choses par souci de maintenir la bonne entente et l'amitié. Ou bien, on ne fait qu'effleurer la matière au lieu d'aller au fond des choses, afin de rester en bons termes avec l'intéressé. Il en résulte qu'on fait du tort à la collectivité comme à celui-ci. C'est une première forme de libéralisme.

On se livre, en privé, à des critiques irresponsables au lieu de s'employer à faire des suggestions à l'organisation. On ne dit rien aux gens en face, on fait des cancans derrière leur dos; on se tait à la réunion, on parle à tort et à travers après. On se moque du principe de la vie collective, on n'en fait qu'à sa tête. C'est une deuxième forme de libéralisme.

On se désintéresse complètement de tout ce qui ne nous concerne pas; même si l'on sait très bien ce qui ne va pas, on en parle le moins possible; on reste sagement à l'abri et on a pour seul souci de n'être pas pris soi-même en défaut. C'en est la troisième forme.

On n'obéit pas aux ordres, on place ses opinions personnelles au-dessus de tout. On n'attend que des égards de l'organisation et on ne veut pas de sa discipline. C'en est la quatrième forme.

Au lieu de réfuter, de combattre les opinions erronées dans l'intérêt de l'union, du progrès et du bon accomplissement du travail, on lance des attaques personnelles, on cherche querelle, on exhale son ressentiment, on cherche à se venger. C'en est la cinquième forme.

On entend des opinions erronées sans élever d'objection, on laisse même passer des propos contre-révolutionnaires sans les signaler : on les prend avec calme, comme si de rien n'était. C'en est la sixième forme.

On se trouve avec les masses, mais on ne fait pas de propagande, pas d'agitation, on ne prend pas la parole, on ne s'informe pas, on ne questionne pas, on ne prend pas à cœur le sort du peuple, on reste dans l'indifférence, oubliant qu'on est un communiste et non un simple particulier. C'en est la septième forme.

On voit quelqu'un commettre des actes nuisibles aux intérêts des masses, mais on n'en est pas indigné, on ne l'en détourne pas, on ne l'en empêche pas, on n'entreprend pas de l'éclairer sur ce qu'il fait et on le laisse continuer. C'en est la huitième forme.

On ne travaille pas sérieusement mais pour la forme, sans plan ni orientation, cahin-caha : « Bonze, je sonne les cloches au jour le jour. » C'en est la neuvième forme.

On croit avoir rendu des services à la révolution et on se donne des airs de vétéran; on est incapable de faire de grandes choses, mais on dédaigne les tâches mineures; on se relâche dans le travail et dans l'étude. C'en est la dixième forme.

On a commis des erreurs, on s'en rend compte, mais on n'a pas envie de les corriger, faisant preuve ainsi de libéralisme envers soi-même. C'en est la onzième forme.

> « Contre le libéralisme » (7 septembre 1937) *Œuvres choisies de Mao Tsé-toung*, tome II.

Le libéralisme est extrêmement nuisible dans les collectivités révolutionnaires. C'est un corrosif qui ronge l'unité, relâche les liens de solidarité, engendre la passivité et amène les divergences d'opinions. Il prive les rangs de la révolution d'une organisation solide et d'une discipline rigoureuse, empêche l'application intégrale de la politique et coupe les organisations du Parti des masses populaires placées sous leur direction. C'est une tendance des plus pernicieuses.

> « Contre le libéralisme » (7 septembre 1937), *Œuvres choisies de Mao Tsé-toung*, tome II.

Les libéraux considèrent les principes du marxisme comme des dogmes abstraits. Ils approuvent le marxisme, mais ne sont pas disposés à le mettre en pratique ou à le mettre intégralement en pratique ; ils ne sont pas disposés à remplacer leur libéralisme par le marxisme. Ils ont fait provision de l'un comme de l'autre : ils parlent du marxisme, mais pratiquent le libéralisme; ils appliquent le premier aux autres, le second à eux-mêmes. Ils ont les deux articles et chacun a son usage. Telle est la façon de penser de certaines gens.

> « Contre le libéralisme » (7 septembre 1937), *Œuvres choisies de Mao Tsé-toung*, tome II.

L'État populaire protège le peuple. C'est seulement lorsque le peuple dispose d'un tel État qu'il peut, par des méthodes démocratiques, s'éduquer et se réformer à l'échelle nationale et, avec la participation de tous, se débarrasser de l'influence des réactionnaires de l'intérieur et de l'étranger (influence très grande encore à l'heure actuelle, qui subsistera longtemps et ne pourra pas être détruite rapidement), rejeter les habitudes et idées néfastes acquises dans l'ancienne société, éviter de se laisser entraîner dans une fausse direction par les réactionnaires et continuer à avancer vers la société socialiste et la société communiste.

> « De la dictature démocratique populaire »
> (30 juin 1949), *Œuvres choisies de Mao
> Tsé-toung*, tome IV.

Il n'est pas difficile à un homme de faire quelques bonnes actions; ce qui est difficile, c'est d'agir bien toute sa vie, sans jamais rien faire de mal. Mener un combat ardu pendant plusieurs dizaines d'années, comme durant une seule et même journée, et cela toujours dans l'intérêt des larges masses, des jeunes et de la révolution, voilà ce qu'il y a de plus difficile!

> « Félicitations au camarade Wou Yu-
> tchang à l'occasion de ses 60 ans » (15 jan-
> vier 1940).

CHAPITRE XXV

L'unité

L'unification de notre pays, l'unité de notre peuple et l'union de toutes nos nationalités sont les garanties fondamentales de la victoire certaine de notre cause.

> « De la juste solution des contradictions au sein du peuple (27 février 1957).

C'est seulement par l'unité du Parti communiste qu'on réalisera l'unité de toute la classe et celle de toute la nation; et c'est seulement par l'unité de toute la classe et de toute la nation que l'on vaincra l'ennemi et accomplira la tâche de la révolution nationale et démocratique.

> « Luttons pour entraîner les masses par millions dans le front uni national anti-japonais » (7 mai 1937), *Œuvres choisies de Mao Tsé-toung*, tome I.

Regroupons solidement toutes les forces de notre Parti, sur la base des principes d'organisation et de discipline du centralisme démocratique. Nous devons assurer l'union avec tout camarade quel qu'il soit, à condition qu'il veuille observer le programme, les statuts et les décisions du Parti.

> « Du gouvernement de coalition » (24 avril 1945), *Œuvres choisies de Mao Tsé-toung*, tome III.

Ce procédé démocratique destiné à résoudre les contradictions au sein du peuple, nous l'avons résumé en 1942 dans la formule : « Unité — critique — unité. » Plus explicitement, c'est partir du désir d'unité et arriver, en résolvant les contradictions par la critique ou la lutte, à une nouvelle unité reposant sur une base nouvelle. Nous avons pu constater d'après notre expérience que c'est là une méthode correcte pour résoudre les contradictions au sein du peuple.

> « De la juste solution des contradictions au sein du peuple » (27 février 1957).

Cette armée [la nôtre] connaît une remarquable cohésion dans ses rapports internes comme dans ses relations extérieures. Qu'il s'agisse, à l'intérieur de l'armée, des rapports entre officiers et soldats, entre supérieurs et subordonnés, ou entre le travail proprement militaire, le travail politique et les services de l'intendance; qu'il s'agisse, à l'extérieur, des relations entre l'armée et le peuple, entre l'armée et les organes du pouvoir ou entre nos troupes et les troupes amies, la cohésion y règne. Tout ce qui nuit à cette cohésion doit être banni.

> « Du gouvernement de coalition (24 avril 1945), *Œuvres choisies de Mao Tsé-toung*, tome III.

CHAPITRE XXVI

La discipline

Au sein du peuple, la démocratie est corrélative au centralisme, la liberté à la discipline. Ce sont deux aspects contradictoires d'un tout unique; ils sont en contradiction, mais en même temps unis, et nous ne devons pas souligner unilatéralement l'un de ces aspects et nier l'autre. Au sein du peuple, on ne peut se passer de liberté, mais on ne peut non plus se passer de discipline; on ne peut se passer de démocratie, mais on ne peut non plus se passer de centralisme. Cette unité de la démocratie et du centralisme, de la liberté et de la discipline constitue notre centralisme démocratique. Sous un tel régime, le peuple jouit d'une démocratie et d'une liberté étendues, mais en même temps, il doit se tenir dans les limites de la discipline socialiste.

> « De la juste solution des contradictions au sein du peuple » (27 février 1957).

Il faut réaffirmer la discipline du Parti, à savoir : 1) soumission de l'individu à l'organisation; 2) soumission de la minorité à la majorité; 3) soumission de l'échelon inférieur à l'échelon supérieur; 4) soumission de l'ensemble du Parti au Comité central. Quiconque viole ces règles de discipline sape l'unité du Parti.

> « Le Rôle du Parti communiste chinois dans la guerre nationale » (Octobre 1938), *Œuvres choisies de Mao Tsé-toung*, tome II.

L'une des règles de discipline du Parti, c'est la soumission de la minorité à la majorité. La minorité, qui voit son point de vue repoussé, doit se rallier à la décision prise par la majorité. En cas de nécessité, la question peut être posée de nouveau à la réunion suivante, mais aucune action allant à l'encontre de la décision n'est permise.

> « L'Élimination des conceptions erronées dans le Parti » (Décembre 1929), *Œuvres choisies de Mao Tsé-toung*, tome I.

Les trois grandes règles de discipline sont les suivantes :
1) Obéissez aux ordres dans tous vos actes.
2) Ne prenez pas aux masses une seule aiguille, un seul bout de fil.
3) Remettez tout butin aux autorités.

Les huit recommandations sont les suivantes :
1) Parlez poliment.
2) Payez honnêtement ce que vous achetez.
3) Rendez tout ce que vous empruntez.
4) Payez ou remplacez tout ce que vous endommagez.
5) Ne frappez pas et n'injuriez pas les gens.
6) Ne causez pas de dommages aux récoltes.
7) Ne prenez pas de libertés avec les femmes.
8) Ne maltraitez pas les prisonniers.

> « Instructions du Haut Commandement de l'Armée populaire de Libération de Chine à l'occasion d'une nouvelle proclamation des trois grandes règles de discipline et des huit recommandations » (10 octobre 1947), *Œuvres choisies de Mao Tsé-toung*, tome IV.

Ils [tous les officiers et soldats de notre armée] doivent renforcer l'esprit de discipline et exécuter résolument les ordres, appliquer notre politique, mettre en pratique les trois grandes règles de discipline et les huit recommandations, réaliser l'unité de l'armée et du peuple, l'unité de l'armée et du gouvernement, l'unité des officiers et des soldats et l'unité de toute l'armée; aucune infraction à la discipline ne sera tolérée.

> « Manifeste de l'Armée populaire de Libération de Chine » (Octobre 1947), *Œuvres choisies de Mao Tsé-toung*, tome IV.

CHAPITRE XXVII La critique et l'autocritique

Le Parti communiste ne craint pas la critique, car nous sommes des marxistes, la vérité est de notre côté, et les masses fondamentales — les ouvriers et les paysans — sont de notre côté.

> « Intervention à la Conférence nationale du Parti communiste chinois sur le Travail de Propagande » (12 mars 1957).

Les matérialistes conséquents sont des hommes sans peur. Nous espérons que tous nos compagnons de lutte prendront courageusement leurs responsabilités et vaincront les difficultés, qu'ils ne craindront ni les revers ni les railleries et qu'ils n'hésiteront pas à nous faire, à nous autres communistes, des critiques et des suggestions. « Celui qui ne craint pas d'être lardé de coups d'épée ose désarçonner l'empereur » — c'est cet esprit intrépide que nous devons avoir dans le combat pour le socialisme et le communisme.

> « Intervention à la Conférence nationale du Parti communiste chinois sur le Travail de Propagande » (12 mars 1957).

Nous avons en main l'arme marxiste-léniniste de la critique et de l'autocritique. Nous sommes capables de nous débarrasser du mauvais style de travail et de conserver le bon.

> « Rapport à la deuxième session plénière du Comité central issu du VIIᵉ Congrès du Parti communiste chinois » (5 mars 1949), *Œuvres choisies de Mao Tsé-toung*, tome IV.

Il est un trait marquant qui nous distingue des autres partis, c'est la pratique consciencieuse de l'autocritique. Comme nous l'avons déjà dit, nous devons constamment balayer notre chambre, sinon la poussière s'y entassera; nous devons nous laver régulièrement la figure, sinon elle sera toute souillée. L'esprit de nos camarades comme le travail de notre Parti peuvent également se couvrir de poussière; c'est pourquoi nous devons balayer et laver. Le proverbe « L'eau courante ne peut croupir et le gond d'une porte n'est jamais attaqué par les vers » signifie que le mouvement constant empêche l'action corruptible des microbes et des parasites. Examiner sans cesse notre travail, introduire largement dans cet examen le style démocratique de travail, ne redouter ni la critique ni l'autocritique, suivre les maximes si instructives du peuple chinois : « Ne tais rien de ce que tu sais, ne garde rien pour toi de ce que tu as à dire », « Nul n'est coupable pour avoir parlé, c'est à celui qui écoute d'en faire son profit », « Si tu as des défauts, corrige-toi; si tu n'en as pas, surveille-toi »; voilà le seul moyen efficace pour préserver l'esprit de nos camarades et l'organisme de notre Parti de toute contamination par les poussières et microbes politiques.

> « Du gouvernement de coalition » (24 avril 1945), *Œuvres choisies de Mao Tsé-toung*, tome III.

L'opposition et la lutte entre conceptions différentes apparaissent constamment au sein du Parti; c'est le reflet, dans le Parti, des contradictions de classes et des contradictions entre le nouveau et l'ancien existant dans la société. S'il n'y avait pas dans le Parti de contradictions, et de luttes idéologiques pour les résoudre, la vie du Parti prendrait fin.

> « De la contradiction » (Août 1937), *Œuvres choisies de Mao Tsé-toung*, tome I.

Nous sommes pour la lutte idéologique active, car elle est l'arme qui assure l'unité à l'intérieur du Parti et des groupements révolutionnaires dans l'intérêt de notre combat. Tout communiste et révolutionnaire doit prendre cette arme en main.

Le libéralisme, lui, rejette la lutte idéologique et préconise une entente sans principes; il en résulte un style de travail décadent et philistin qui, dans le Parti et les groupements révolutionnaires, conduit certaines organisations et certains membres à la dégénérescence politique.

> « Contre le libéralisme » (7 septembre 1937), *Œuvres choisies de Mao Tsé-toung*, tome II.

Dans notre lutte contre le subjectivisme, le sectarisme et le style stéréotypé au sein du Parti, il est deux préceptes que nous ne devons pas perdre de vue : en premier lieu, « tirer la leçon des erreurs passées pour en éviter le retour » et, en second lieu, « guérir la maladie pour sauver l'homme ». Il est indispensable de dénoncer toutes les erreurs commises dans le passé, en dehors de toute considération de personne, de soumettre à une analyse et à une critique scientifiques tout ce qu'il y a eu de négatif dans le passé, afin d'agir à l'avenir avec plus de circonspection, et de travailler mieux : tel est le sens du premier précepte. Toutefois, en mettant en évidence les fautes et en critiquant les défauts, nous poursuivons le même but qu'un médecin qui soigne un malade : il le soigne pour lui sauver la vie et non pour amener sa mort. Quelqu'un souffre de l'appendicite : le médecin enlève l'appendice et sauve ainsi la vie du malade. Si celui qui, ayant commis une erreur, ne dissimule pas sa maladie par crainte du traitement et ne persiste pas dans son erreur au point de ne plus pouvoir être guéri, s'il manifeste honnêtement, sincèrement, le désir de se soigner, de se corriger, nous nous en réjouirons et nous le guérirons, afin qu'il devienne un bon camarade du Parti. Nous ne pourrons remplir cette tâche avec succès si, cédant à l'impulsion d'un moment, nous frappons sans merci. Pour soigner des maladies, idéologiques et politiques, il faut

se garder des brutalités : la seule méthode juste et efficace, c'est de
« guérir la maladie pour sauver l'homme ».

> « Pour un style correct de travail dans le
> Parti » (1er février 1942), *Œuvres choisies
> de Mao Tsé-toung*, tome III.

Pour ce qui est de la critique à l'intérieur du Parti, un autre
point doit être mentionné, à savoir que certains camarades, dans
leur critique, ne font pas attention à ce qui est important, mais
s'attachent seulement à ce qui est insignifiant. Ils ne comprennent
pas que la critique a pour tâche principale de mettre en évidence
les erreurs politiques et les fautes d'organisation. Quant à la
critique des défauts personnels, il ne faut pas trop y insister s'ils
ne sont pas liés à des erreurs politiques ou à des fautes d'organisation, de peur de laisser les camarades désemparés. En outre, si
pareille critique se développe, l'attention de l'organisation du
Parti se portera uniquement sur de petites choses, et les camarades
deviendront des gens pusillanimes qui oublieront les tâches politiques du Parti; c'est là un très grand danger.

> « L'Élimination des conceptions erronées
> dans le Parti » (Décembre 1929), *Œuvres
> choisies de Mao Tsé-toung*, tome I.

Dans la critique au sein du Parti, mettre en garde les camarades
contre les jugements subjectivistes, arbitraires, et contre toute
banalisation de la critique; faire en sorte que les interventions
soient fondées et que les critiques aient un sens politique.

> « L'Élimination des conceptions erronées
> dans le Parti » (Décembre 1929), *Œuvres
> choisies de Mao Tsé-toung*, tome I.

La critique à l'intérieur du Parti est une arme qui sert à renforcer l'organisation du Parti et à élever sa capacité combative.
Cependant, dans les organisations du Parti au sein de l'Armée
rouge, la critique prend dans certains cas un autre caractère :
elle se transforme en attaques personnelles. Cela ne porte pas

seulement préjudice aux individus, mais également aux organisations du Parti. C'est une manifestation de l'individualisme petit-bourgeois. Le moyen d'y remédier consiste à faire comprendre aux membres du Parti que la critique doit avoir pour but de renforcer la capacité combative du Parti afin de remporter la victoire dans la lutte de classe, et qu'elle ne doit pas devenir un instrument pour lancer des attaques personnelles.

« L'Élimination des conceptions erronées dans le Parti » (Décembre 1929), *Œuvres choisies de Mao Tsé-toung*, tome I.

Nous servons le peuple et ne craignons donc pas, si nous avons des insuffisances, qu'on les relève et qu'on les critique. N'importe qui peut les relever. S'il a raison, nous nous corrigerons. Si ce qu'il propose est utile au peuple, nous agirons en conséquence.

« Servir le peuple » (8 septembre 1944), *Œuvres choisies de Mao Tsé-toung*, tome III.

Nous autres, communistes chinois, qui prenons pour point de départ les intérêts suprêmes de la grande masse du peuple chinois, qui sommes convaincus de la justesse absolue de notre cause, nous n'hésitons pas à lui sacrifier tout ce qui nous est personnel et sommes toujours prêts à donner notre propre vie pour elle; y a-t-il donc encore une idée, une conception, une opinion ou une méthode non conforme aux besoins du peuple que nous ne puissions pas abandonner? Pourrions-nous nous réjouir que quelques saletés et microbes politiques viennent souiller la propreté de notre visage, infecter notre organisme sain? Le souvenir des innombrables martyrs de notre révolution qui ont donné leur vie pour les intérêts du peuple emplit d'affliction le cœur des vivants. Est-il alors intérêt personnel que nous ne puissions sacrifier, défaut que nous ne puissions corriger?

« Du gouvernement de coalition » (24 avril 1945), *Œuvres choisies de Mao Tsé-toung*, tome III.

Nous ne devons en aucun cas nous reposer sur nos premiers succès. Rabattons notre suffisance, critiquons sans relâche nos propres défauts, tout comme, chaque jour, nous nous lavons la figure pour rester propres et balayons pour enlever la poussière.

> « Organisez-vous! » (29 novembre 1943), *Œuvres choisies de Mao Tsé-toung*, tome III.

La critique doit être faite à temps; il faut se défaire de ce penchant qui consiste à ne critiquer qu'après coup.

> « Sur le problème de la coopération agricole » (31 juillet 1955).

Instruits par les erreurs et les revers, nous avons grandi en sagesse et notre travail s'en trouve mieux fait. Pour n'importe quel parti politique, pour n'importe quel individu, il est difficile d'éviter les erreurs. Nous demandons qu'on en fasse moins. Lorsqu'une erreur est commise, nous voulons qu'elle soit corrigée, et le plus vite, le plus complètement sera le mieux.

> « De la dictature démocratique populaire » (30 juin 1949), *Œuvres choisies de Mao Tsé-toung*, tome IV.

CHAPITRE XXVIII

Les communistes

Un communiste doit être franc et ouvert, dévoué et actif; il placera les intérêts de la révolution au-dessus de sa propre vie et leur subordonnera ses intérêts personnels. Il doit toujours et partout tenir fermement aux principes justes et mener une lutte inlassable contre toute idée ou action erronée, de manière à consolider la vie collective du Parti et à renforcer les liens de celui-ci avec les masses. Enfin, il se souciera davantage du Parti et des masses que de l'individu, il prendra soin des autres plus que de lui-même. C'est seulement ainsi qu'il méritera le nom de communiste.

> « Contre le libéralisme » (7 septembre 1937), *Œuvres choisies de Mao Tsétoung*, tome II.

Il faut faire savoir à chaque camarade que toutes les paroles, tous les actes d'un communiste doivent avoir pour premier critère la conformité aux intérêts suprêmes du peuple et l'appui des masses les plus larges.

> « Du gouvernement de coalition » (24 avril 1945), *Œuvres choisies de Mao Tsé-toung*, tome III.

A aucun moment, en aucun lieu, un communiste ne doit placer au premier plan ses intérêts personnels, il doit les subordonner aux intérêts de la nation et des masses populaires. C'est pourquoi l'égoïsme, le relâchement dans le travail, la corruption, l'ostentation, etc. méritent le plus grand mépris, alors que le désintéressement, l'ardeur au travail, le dévouement pour la chose publique, l'effort assidu et acharné commandent le respect.

> « Le Rôle du Parti communiste chinois dans la guerre nationale » (Octobre 1938), *Œuvres choisies de Mao Tsé-toung*, tome II.

Le communiste doit être toujours prêt à défendre fermement la vérité, car toute vérité s'accorde avec les intérêts du peuple. Il sera toujours prêt à corriger ses fautes, car toute faute va à l'encontre des intérêts du peuple.

> « Du gouvernement de coalition » (24 avril 1945), *Œuvres choisies de Mao Tsé-toung*, tome III.

En toute chose, un communiste doit se poser la question du pourquoi; il doit réfléchir mûrement, voir si tout est en conformité avec la réalité et vraiment fondé. En aucun cas, il ne faut suivre aveuglément les autres et préconiser la soumission servile à l'opinion d'autrui.

> « Pour un style correct de travail dans le Parti » (1er février 1942), *Œuvres choisies de Mao Tsé-toung*, tome III.

Il faut encourager chaque camarade à tenir compte des intérêts de l'ensemble. Chaque membre du Parti, le travail dans chaque secteur, chaque parole ou acte, tout doit avoir pour point de départ les intérêts de l'ensemble du Parti. Nous ne tolérerons pas la moindre infraction à ce principe.

> « Pour un style correct de travail dans le Parti » (1er février 1942), *Œuvres choisies de Mao Tsé-toung*, tome III.

11

Les communistes doivent être des modèles tant de sens pratique que de prévoyance. Car seul le sens pratique leur permettra d'accomplir les tâches qui leur sont assignées et seule la prévoyance les empêchera de s'égarer dans leur marche en avant.

> « Le Rôle du Parti communiste chinois dans la guerre nationale » (Octobre 1938), *Œuvres choisies de Mao Tsé-toung*, tome II.

Les communistes devront se montrer les plus clairvoyants, les plus capables d'abnégation, les plus fermes et aussi les plus aptes à saisir une situation sans idée préconçue, ils devront s'appuyer sur la majorité des masses et gagner leur soutien.

> « Les Tâches du Parti communiste chinois dans la période de la résistance au Japon » (3 mai 1937), *Œuvres choisies de Mao Tsé-toung*, tome I.

Les communistes donneront également l'exemple dans l'étude; chaque jour ils s'instruiront auprès des masses tout en les éduquant.

> « Le Rôle du Parti communiste chinois dans la guerre nationale » (Octobre 1938), *Œuvres choisies de Mao Tsé-toung*, tome II.

Dans un mouvement de masse, un communiste se conduira en ami des masses et non en supérieur, en maître qui instruit inlassablement et non en politicien bureaucrate.

> « Le Rôle du Parti communiste chinois dans la guerre nationale » (Octobre 1938), *Œuvres choisies de Mao Tsé-toung*, tome II.

Les communistes ne doivent jamais se couper de la majorité du peuple et, sans en tenir compte, progresser de façon aventureuse à la tête seulement d'une minorité avancée; ils veilleront à établir des liens étroits entre les éléments avancés et la grande masse du peuple. Voilà ce que veut dire penser à la majorité.

> « Le Rôle du Parti communiste chinois dans la guerre nationale » (Octobre 1938), *Œuvres choisies de Mao Tsé-toung*, tome II.

Nous autres communistes, nous sommes comme les semences et le peuple est comme le sol. Où que nous allions, nous devons nous unir avec le peuple, prendre racine et fleurir au milieu du peuple.

> « Sur les négociations de Tchongking (17 octobre 1945), *Œuvres choisies de Mao Tsé-toung*, tome IV.

En toute chose, nous autres, communistes, nous devons savoir nous lier aux masses. Est-ce que les membres de notre Parti pourront se rendre utiles en quoi que ce soit au peuple chinois s'ils passent toute leur existence entre quatre murs, à l'abri des tempêtes et à l'écart du monde? Non, absolument pas. Nous n'avons pas besoin de telles gens comme membres du Parti. Nous autres, communistes, nous devons braver les tempêtes et voir le monde en face, les grandes tempêtes et le monde grandiose de la lutte des masses.

> « Organisez-vous! » (29 novembre 1943), *Œuvres choisies de Mao Tsé-toung*, tome III.

Le rôle d'avant-garde des communistes et leur exemple ont une importance extrême. Par leur bravoure au combat, dans l'exécution des ordres, l'observation de la discipline, l'accomplissement du travail politique et le renforcement de l'unité interne, les communistes doivent donner l'exemple au sein de la VIIIᵉ Armée de Route et de la Nouvelle IVᵉ Armée.

> « Le Rôle du Parti communiste chinois dans la guerre nationale » (Octobre 1938), *Œuvres choisies de Mao Tsé-toung*, tome II.

Un communiste ne doit en aucun cas s'estimer infaillible, prendre des airs arrogants, croire que tout est bien chez lui et que tout est mal chez les autres. Il ne doit ni s'enfermer dans sa chambre, ni faire le fanfaron, ni se conduire en despote.

> « Discours prononcé au Conseil consultatif de la Région frontière du Chensi-Kansou-Ninghsia » (21 novembre 1941), *Œuvres choisies de Mao Tsé-toung*, tome III.

Les communistes sont tenus d'écouter attentivement l'opinion des non-communistes, et de leur donner la possibilité de s'exprimer. Si ce qu'ils disent est juste, nous y applaudirons et nous nous inspirerons de leurs points forts; s'ils disent des choses fausses, nous devons quand même leur permettre d'exposer ce qu'ils ont à dire, et leur donner ensuite, avec patience, les explications nécessaires.

> « Discours prononcé au Conseil consultatif de la Région frontière du Chensi-Kansou-Ninghsia » (21 novembre 1941), *Œuvres choisies de Mao Tsé-toung*, tome III.

Les communistes ne doivent pas mettre à l'écart ceux qui ont commis des fautes dans leur travail, à l'exception des incorrigibles; ils useront à leur égard de persuasion, afin de les aider à se corriger et à se transformer.

> « Le Rôle du Parti communiste chinois dans la guerre nationale » (Octobre 1938), *Œuvres choisies de Mao Tsé-toung*, tome II.

Les communistes ne doivent pas dédaigner ni mépriser les personnes politiquement arriérées, mais les traiter cordialement, les unir à eux, les convaincre et les encourager à progresser.

« Le Rôle du Parti communiste chinois dans la guerre nationale » (Octobre 1938), *Œuvres choisies de Mao Tsé-toung*, tome II.

CHAPITRE XXIX

Les cadres

Pour être sûrs que notre Parti et notre pays ne changeront pas de couleur, nous devons non seulement avoir une ligne et une politique justes, mais éduquer et former des millions de continuateurs de la cause révolutionnaire du prolétariat.

En dernière analyse, former ceux qui prendront la relève de la cause révolutionnaire du prolétariat consiste à savoir s'il existe une jeune génération capable de poursuivre la cause révolutionnaire marxiste-léniniste entreprise par la vieille génération des révolutionnaires prolétariens, si la direction de notre Parti et de notre pays sera toujours entre les mains des révolutionnaires prolétariens, si nos descendants continueront à avancer dans la bonne voie tracée par le marxisme-léninisme, si nous pouvons parvenir à empêcher un révisionnisme à la Khrouchtchev de se manifester en Chine. Bref, la question est d'une importance extrême, c'est une question de vie ou de mort pour notre Parti et notre État. Et sa portée intéresse la cause révolutionnaire du prolétariat pour une période de cent, mille ou dix mille ans. Les changements intervenus en Union soviétique ont amené les prophètes impérialistes à placer leurs espoirs d'une « évolution pacifique » dans la troisième ou la quatrième génération du Parti chinois. Nous devons faire mentir cette prophétie impérialiste. Nos organisations de partout, des échelons supérieurs aux échelons inférieurs, doivent attacher une attention soutenue à l'éducation et à la formation des continuateurs de la cause révolutionnaire.

Quelles sont les conditions requises pour être de dignes continuateurs de la cause révolutionnaire du prolétariat?

Ils doivent être d'authentiques marxistes-léninistes et non, comme Khrouchtchev, des révisionnistes se parant du marxisme-léninisme.

Ils doivent être des révolutionnaires se mettant corps et âme au service de l'écrasante majorité de la population de la Chine et du monde, et non agir comme Khrouchtchev qui sert les intérêts d'une poignée de gens, la couche bourgeoise privilégiée de son pays, ainsi que les intérêts des impérialistes et des réactionnaires du monde entier.

Ils doivent être des hommes politiques du prolétariat capables de s'unir avec l'écrasante majorité et de travailler de concert avec elle. Ils doivent non seulement s'unir avec ceux qui partagent leurs vues, mais encore savoir s'unir avec ceux qui ne les partagent pas, avec ceux qui leur étaient opposés et dont la pratique a prouvé les erreurs. Cependant, ils doivent être particulièrement vigilants vis-à-vis des arrivistes et des conspirateurs du genre Khrouchtchev et les empêcher d'usurper la direction du Parti et de l'État à quelque échelon que ce soit.

Ils doivent donner l'exemple dans l'application du centralisme démocratique du Parti, maîtriser la méthode de direction basée sur le principe de « venir des masses et retourner aux masses » et cultiver un style de travail démocratique qui les rend capables d'entendre les masses. Ils ne doivent pas, à l'instar de Khrouchtchev, saper le centralisme démocratique du Parti, se prévaloir d'un pouvoir autocratique, attaquer les camarades par surprise, refuser de comprendre et agir en dictateur.

Ils doivent être modestes et prudents, se garder de toute présomption et de toute précipitation, être capables de pratiquer l'autocritique et avoir le courage de corriger les insuffisances et les erreurs dans leur travail. Ils ne doivent en aucun cas celer leurs erreurs, s'attribuer tous les mérites et rejeter toutes les fautes sur autrui, à l'exemple de Krouchtchev.

C'est au cours des luttes de masse qu'apparaissent les continuateurs de la cause révolutionnaire du prolétariat; c'est au milieu des grandes tempêtes révolutionnaires qu'ils se forgent et grandissent. Il faut savoir éprouver et apprécier la valeur des cadres, choisir et former nos continuateurs au cours des luttes de masse prolongées.

> Cité dans « Le pseudo-communisme de Khrouchtchev et les leçons historiques qu'il donne au monde » (14 juillet 1964).

Notre Parti doit étendre ses organisations dans tout le pays, et former, dans un but réfléchi, des milliers et des milliers de cadres et des centaines d'excellents dirigeants des masses. Ces cadres et ces dirigeants doivent s'assimiler le marxisme-léninisme, avoir de la clairvoyance politique, de la compétence dans le travail, être pénétrés de l'esprit de sacrifice, capables de résoudre les problèmes par eux-mêmes, inébranlables devant les difficultés et entièrement dévoués à la nation, à leur classe et au Parti. C'est en s'appuyant sur eux que le Parti assure sa liaison avec ses membres en même temps qu'avec les masses, et c'est en s'appuyant sur la ferme direction qu'ils exercent sur les masses que le Parti parviendra à vaincre l'ennemi. Ils doivent être étrangers à tout égoïsme, tout héroïsme individuel, toute ostentation, toute indolence ou passivité, tout sectarisme hautain; ils doivent être des héros pleins d'abnégation de leur nation et de leur classe. Tels sont les qualités et le style de travail que doivent avoir les membres du Parti, ses cadres et ses dirigeants.

> « Luttons pour entraîner les masses par millions dans le front uni national anti-japonais » (7 mai 1937), *Œuvres choisies de Mao Tsé-toung*, tome I.

Les cadres jouent un rôle décisif dès que la ligne politique est définie. Notre tâche de combat est donc de former selon un plan un grand nombre de nouveaux cadres.

> « Le Rôle du Parti communiste chinois dans la guerre nationale » (Octobre 1938), *Œuvres choisies de Mao Tsé-toung*, tome II.

Dans sa politique des cadres, le Parti communiste adoptera les critères suivants : ferme application de la ligne du Parti, soumission à sa discipline, liaison étroite avec les masses, capacité de travailler en toute indépendance, ardeur à la tâche et désintéressement : c'est là la politique de « nomination des cadres selon leur mérite ».

> « Le Rôle du Parti communiste chinois dans la guerre nationale » (Octobre 1938), *Œuvres choisies de Mao Tsé-toung*, tome II.

Nous devons nous en tenir au système de la participation des cadres au travail productif collectif. Les cadres de notre Parti et de notre État sont des travailleurs ordinaires; ce ne sont pas des seigneurs pesant de tout leur poids sur le peuple. En prenant part au travail productif collectif, les cadres maintiennent de la façon la plus large des liens constants et étroits avec le peuple travailleur. C'est là une mesure majeure, d'importance fondamentale, en régime socialiste, qui contribue à vaincre la bureaucratie et à empêcher le révisionnisme et le dogmatisme.

> Cité dans « Le pseudo-communisme de Khrouchtchev et les leçons historiques qu'il donne au monde » (14 juillet 1964).

Sachons juger les cadres. Ne fondons pas notre appréciation seulement sur un fait isolé à un moment donné de la vie d'un cadre, mais considérons l'ensemble de son passé et de son travail. C'est là la méthode essentielle pour juger d'un cadre.

> « Le Rôle du Parti communiste chinois dans la guerre nationale » (Octobre 1938), *Œuvres choisies de Mao Tsé-toung*, tome II.

Sachons employer les cadres. Le devoir d'un dirigeant se ramène essentiellement à trouver des idées et à employer les cadres. Élaborer un plan, prendre une décision, lancer un ordre, donner une directive, etc., c'est « trouver des idées ». Pour faire passer les idées dans la pratique, il faut unir les cadres et les inciter à l'action; cela s'appelle « employer les cadres ».

« Le Rôle du Parti communiste chinois dans la guerre nationale » (Octobre 1938), *Œuvres choisies de Mao Tsé-toung*, tome II.

Sachons prendre soin des cadres. Pour cela, nous avons les moyens suivants : Premièrement, nous devons les orienter, c'est-à-dire que tout en les laissant travailler librement, afin qu'ils osent prendre leurs responsabilités, nous devons leur donner en temps opportun des directives, de sorte qu'ils pourront, guidés par la ligne politique du Parti, faire valoir leur esprit créateur. Deuxièmement, nous devons élever leur niveau, c'est-à-dire leur donner la possibilité d'apprendre et les éduquer afin qu'ils puissent enrichir leurs connaissances théoriques et se rendre plus qualifiés. Troisièmement, nous devons vérifier leur travail, les aider à faire le bilan de leur expérience, à multiplier leurs succès et à corriger leurs erreurs. Assigner une tâche sans en vérifier l'exécution et n'y porter attention qu'une fois commises des erreurs sérieuses, ce n'est pas là prendre soin des cadres. Quatrièmement, envers les cadres qui ont fait des erreurs, nous devons, en général, user de persuasion pour les aider à se corriger, et ne recourir à la méthode de la lutte qu'envers ceux qui sont coupables de fautes graves et refusent de se laisser guider. La patience est ici de rigueur. C'est une faute de taxer à la légère les gens d' « opportunisme » ou de « partir en guerre » contre eux inconsidérément. Cinquièmement, il faut venir en aide aux cadres qui ont des difficultés. Lorsqu'ils tombent malades ou ont des soucis matériels, familiaux ou autres, nous devons les aider dans la mesure du possible. Voilà la manière de prendre soin des cadres.

« Le Rôle du Parti communiste chinois dans la guerre nationale » (Octobre 1938), *Œuvres choisies de Mao Tsé-toung*, tome II.

Un groupe dirigeant vraiment uni et lié aux masses doit se constituer progressivement, dans la lutte même des masses et non en s'en tenant à l'écart. Dans la majorité des cas, le groupe dirigeant ne doit ni ne peut rester d'une composition immuable au début, au milieu ou à la fin d'une grande lutte; il faut promouvoir continuellement les éléments actifs qui se sont distingués au cours de la lutte et les substituer aux membres du groupe dirigeant qui sont comparativement moins qualifiés ou qui ont dégénéré.

« A propos des méthodes de direction » (1er juin 1943), *Œuvres choisies de Mao Tsé-toung*, tome III.

Si, dans notre Parti, il n'existe pas une collaboration pleine et entière entre la grande masse des jeunes cadres et les vieux cadres, notre cause risque de s'arrêter à mi-chemin. C'est pourquoi tous les vieux cadres doivent réserver le meilleur accueil aux cadres nouveaux et leur témoigner la plus chaleureuse sollicitude. Bien entendu, ces derniers ont leurs défauts : ils ne participent à la révolution que depuis peu de temps, ils manquent d'expérience, certains traînent encore avec eux des séquelles de l'idéologie vicieuse de la vieille société, c'est-à-dire des survivances de l'individualisme petit-bourgeois. Mais ces défauts peuvent être éliminés progressivement par l'éducation et la trempe révolutionnaire. Les traits positifs des jeunes cadres, comme le dit Staline, s'expriment dans le fait qu'ils ont un sens aigu du nouveau, et, partant, font preuve d'un grand enthousiasme, d'une grande activité. Or, c'est justement ce qui fait défaut à certains de nos vieux cadres. Anciens et nouveaux doivent donc se respecter mutuellement, s'instruire les uns auprès des autres, surmonter leurs points faibles en se transmettant leurs qualités, afin de former un bloc uni pour la cause commune, et de prévenir les tendances sectaires.

« Pour un style correct de travail dans le Parti » (1er février 1942), *Œuvres choisies de Mao Tsé-toung*, tome III,

Nous devons nous occuper aussi bien des cadres non communistes que des cadres membres du Parti. Il existe en effet à l'extérieur du Parti nombre de gens capables que celui-ci ne doit pas ignorer. Il faut que chaque communiste se débarrasse de toute attitude hautaine et distante, sache collaborer avec les cadres non communistes, les aide sincèrement, adopte à leur égard une attitude de chaude camaraderie et oriente leur activité vers la grande cause de la résistance au Japon et de l'édification du pays; tel est son devoir.

« Le Rôle du Parti communiste chinois dans la guerre nationale » (Octobre 1938), *Œuvres choisies de Mao Tsé-toung*, tome II.

CHAPITRE XXX

Les jeunes

Le monde est autant le vôtre que le nôtre, mais au fond, c'est à vous qu'il appartient. Vous les jeunes, vous êtes dynamiques, en plein épanouissement, comme le soleil à huit ou neuf heures du matin. C'est en vous que réside l'espoir.

. . . .

Le monde vous appartient. L'avenir de la Chine vous appartient.

> Entretien avec des étudiants et stagiaires
> chinois à Moscou (17 novembre 1957).

Nous devons faire comprendre à toute la jeunesse que notre pays est encore très pauvre, qu'il n'est pas possible de modifier radicalement cette situation en peu de temps, que c'est seulement par leurs efforts unis que la jeunesse et tout le peuple pourront créer, de leurs propres mains, un État riche et puissant en l'espace de quelques dizaines d'années. Le régime socialiste nous a ouvert la voie vers la société idéale de demain, mais pour que celle-ci devienne une réalité, il nous faut travailler dur.

> « De la juste solution des contradictions au
> sein du peuple » (27 février 1957).

Bon nombre de jeunes gens, par manque d'expérience politique et d'expérience de la vie sociale, ne savent pas comparer la nouvelle Chine avec l'ancienne; ils ont du mal à comprendre à fond quelles luttes extraordinairement difficiles et pénibles notre peuple a dû soutenir pour parvenir à se libérer du joug de l'impérialisme et des réactionnaires du Kuomintang et quelle longue période d'efforts acharnés est nécessaire pour construire la belle société socialiste. C'est pourquoi il faut poursuivre sans cesse parmi les masses une éducation politique vivante et efficace, leur dire toujours la vérité sur les difficultés qui surgissent et examiner avec elles les moyens de les surmonter.

> « De la juste solution des contradictions au sein du peuple » (27 février 1957).

Les jeunes constituent la force la plus active, la plus dynamique de notre société. Ils sont les plus ardents à l'étude, les moins attachés aux idées conservatrices, et il en est ainsi notamment à l'époque du socialisme. Nous souhaitons que toutes les organisations du Parti, de concert avec les organisations de la Ligue de la Jeunesse, étudient avec soin les moyens de faire pleinement valoir la force des jeunes, qu'elles se gardent de négliger leurs caractéristiques en les traitant comme les autres. Naturellement, les jeunes doivent apprendre auprès des vieux et des adultes et s'assurer autant que possible de leur accord avant d'entreprendre toute activité utile.

> Note sur l'article : « La Brigade de choc des Jeunes de la Coopérative agricole de Production N° 9 du canton de Sinping, district de Tchongchan » (1955), *L'Essor du socialisme dans les campagnes chinoises.*

Comment s'y prendre pour déterminer si un jeune est révolutionnaire ou non? Comment faire la distinction? Il n'y a qu'un seul critère : ce jeune veut-il se lier aux masses ouvrières et paysannes et se lie-t-il effectivement à elles? S'il le veut, et s'il le fait, c'est un révolutionnaire; dans le cas contraire, c'est un non-révolutionnaire ou un contre-révolutionnaire. Qu'il se lie aujourd'hui aux masses d'ouvriers et de paysans, il est un révolutionnaire; que, demain, il cesse de le faire, ou qu'il se mette au contraire à opprimer les gens du peuple, et il sera alors un non-révolutionnaire ou un contre-révolutionnaire.

> « L'Orientation du mouvement de la jeunesse » (4 mai 1939), *Œuvres choisies de Mao Tsé-toung*, tome II.

Avant que les intellectuels se jettent corps et âme dans la lutte révolutionnaire des masses, qu'ils se décident à les servir et à faire corps avec elles, il arrive souvent qu'ils sont enclins au subjectivisme et à l'individualisme, que leurs idées sont stériles et qu'ils se montrent hésitants dans l'action. Aussi, bien que les nombreux intellectuels révolutionnaires chinois jouent un rôle d'avant-garde et servent de pont, tous ne sont pas révolutionnaires jusqu'au bout. Dans les moments critiques, une partie d'entre eux abandonnent les rangs de la révolution et tombent dans la passivité; certains deviennent même des ennemis de la révolution. Les intellectuels ne viendront à bout de ces défauts que dans la lutte prolongée menée par les masses.

> « La Révolution chinoise et le Parti communiste chinois » (Décembre 1939), *Œuvres choisies de Mao Tsé-toung*, tome II.

Tout en continuant à coordonner ses activités avec la tâche centrale du Parti, la Ligue de la Jeunesse doit mener un travail indépendant en conformité avec les caractéristiques des jeunes. La Chine nouvelle doit veiller aux intérêts de sa jeunesse, prendre à cœur la formation de la jeune génération. Les jeunes doivent étudier, travailler; mais, comme il se trouvent en période de croissance, il faut accorder une pleine attention à leur travail et leurs études, ainsi qu'à leurs divertissements, leurs activités sportives et leur délassement.

> Instructions lors d'une réception accordée au Présidium du IIe Congrès de la Ligue de la Jeunesse (30 juin 1953).

CHAPITRE XXXI

Les femmes

Les hommes se trouvent ordinairement soumis, en Chine, à l'autorité de trois systèmes (le pouvoir politique, le pouvoir clanal, le pouvoir religieux — *N.d.l.R.*), ... Quant aux femmes, elles se trouvent en outre sous l'autorité des hommes ou le pouvoir marital. Ces quatre formes de pouvoir — politique, clanal, religieux et marital — représentent l'ensemble de l'idéologie et du système féodalo-patriarcaux et sont les quatre grosses cordes qui ligotent le peuple chinois et en particulier la paysannerie. On a montré précédemment comment les paysans ont renversé, à la campagne, le pouvoir des propriétaires fonciers. Ce dernier est le pivot autour duquel gravitent toutes les autres formes de pouvoir. Le renversement du pouvoir des propriétaires fonciers a ébranlé les pouvoirs clanal, religieux et marital. ... En ce qui concerne le pouvoir marital, il a toujours été plus faible dans les familles de paysans pauvres, où la situation économique contraint les femmes à prendre une part plus grande au travail que dans les familles des classes aisées; de ce fait, elles avaient plus souvent droit à la parole et à la décision dans les affaires familiales. Au cours des dernières années, en raison de la ruine croissante de l'économie rurale, la base même de l'autorité du mari sur la femme s'est trouvée minée. Récemment, avec l'apparition du mouvement paysan, les femmes ont commencé, dans bien des endroits, à créer des unions de paysannes; l'heure est venue pour elles de relever la tête, et le pouvoir marital s'affaiblit de jour en jour. Bref, l'ensemble de l'idéologie et du système féodalo-patriarcaux chancelle devant l'autorité croissante des paysans.

« Rapport sur l'enquête menée dans le Hounan à propos du mouvement paysan » (Mars 1927), *Œuvres choisies de Mao Tsétoung*, tome I.

Unissez-vous, participez à la production et aux activités politiques et améliorez la situation économique et politique de la femme.

> Pour la revue *Femmes de la Chine nouvelle*, premier numéro, 20 juillet 1949.

Défendre les intérêts des jeunes, des femmes et des enfants; secourir les étudiants réfugiés; aider les jeunes et les femmes à s'organiser et à participer , de plein droit, à toute activité utile à la Guerre de Résistance contre le Japon et au progrès social; assurer la liberté du mariage et l'égalité des sexes; donner aux jeunes et aux enfants un enseignement utile.

> « Du gouvernement de coalition » (24 avril 1945), *Œuvres choisies de Mao Tsé-toung*, tome III.

Notre tâche essentielle dans le domaine de la production agricole est d'organiser l'emploi rationnel de la main-d'œuvre et d'entraîner les femmes à participer à la production.

> « Notre politique économique » (23 janvier 1934), *Œuvres choisies de Mao Tsétoung*, tome I.

Il est de première importance pour l'édification de la grande société socialiste d'entraîner en masse les femmes à participer aux activités productrices. Le principe « à travail égal salaire égal » doit être appliqué dans la production. Une véritable égalité entre l'homme et la femme n'est réalisable qu'au cours du processus de la transformation socialiste de l'ensemble de la société.

> Note sur l'article : « Les Femmes rejoignent le front du travail » (1955), *L'Essor du socialisme dans les campagnes chinoises*.

A la suite du mouvement de coopération agricole, un grand nombre de coopératives se trouvent devant un manque de main-d'œuvre et la nécessité d'entraîner en masse sur le front du travail les femmes qui ne participaient pas aux travaux des champs. ... Les femmes constituent en Chine une importante source de main-d'œuvre. Il faut la mettre en valeur dans la lutte pour l'édification d'un grand pays socialiste.

Note sur l'article : « La Mobilisation des femmes pour la production a remédié à la pénurie de main-d'œuvre » (1955), *L'Essor du socialisme dans les campagnes chinoises.*

Il faut que toute la main-d'œuvre féminine prenne sa place sur le front du travail où sera appliqué le principe « à travail égal salaire égal », et cela doit être réalisé dans le plus bref délai.

Note sur l'article : « Programme de la Fédération démocratique des Femmes du district de Hsingtai pour le travail parmi les femmes au cours du mouvement de coopération agricole » (1955), *L'Essor du socialisme dans les campagnes chinoises.*

CHAPITRE XXXII

La culture et l'art

Dans le monde d'aujourd'hui, toute culture, toute littérature et tout art appartiennent à une classe déterminée et relèvent d'une ligne politique définie. Il n'existe pas, dans la réalité, d'art pour l'art, d'art au-dessus des classes, ni d'art qui se développe en dehors de la politique ou indépendamment d'elle. La littérature et l'art prolétariens font partie de l'ensemble de la cause révolutionnaire du prolétariat; ils sont, comme disait Lénine, « une petite roue et une petite vis » du mécanisme général de la révolution.

> « Interventions aux causeries sur la littérature et l'art à Yenan » (Mai 1942), *Œuvres choisies de Mao Tsé-toung*, tome III.

La culture révolutionnaire est pour les masses populaires une arme puissante de la révolution. Avant la révolution, elle la prépare idéologiquement; pendant la révolution, elle constitue un secteur important, indispensable du front général de la révolution.

> « La Démocratie nouvelle » (Janvier 1940), *Œuvres choisies de Mao Tsé-toung*, tome II.

Notre littérature et notre art servent au même titre la grande masse du peuple, au premier chef les ouvriers, les paysans et les soldats; ils sont créés pour eux et utilisés par eux.

> « Interventions aux causeries sur la littérature et l'art à Yenan » (Mai 1942), *Œuvres choisies de Mao Tsé-toung*, tome III.

Il faut que nos écrivains et nos artistes s'acquittent de cette tâche, il faut qu'ils changent de position et passent graduellement du côté du prolétariat, du côté des ouvriers, des paysans et des soldats, en allant parmi eux, en se jetant au cœur de la lutte pratique, en étudiant le marxisme et la société. C'est seulement ainsi que nous aurons une littérature et un art qui puissent servir réellement les ouvriers, les paysans et les soldats, une littérature et un art authentiquement prolétariens.

> « Interventions aux causeries sur la litté-
> rature et l'art à Yenan » (Mai 1942), *Œu-*
> *vres choisies de Mao Tsé-toung*, tome III.

Il faut faire en sorte que la littérature et l'art s'intègrent parfaitement dans le mécanisme général de la révolution, qu'ils deviennent une arme puissante pour unir et éduquer le peuple, pour frapper et anéantir l'ennemi, et qu'ils aident le peuple à lutter contre l'ennemi d'un même cœur et d'une même volonté.

> « Interventions aux causeries sur la litté-
> rature et l'art à Yenan » (Mai 1942), *Œu-*
> *vres choisies de Mao Tsé-toung*, tome III.

La critique littéraire et artistique comporte deux critères : l'un politique, l'autre artistique. ...

Et ces deux critères, politique et artistique, quel rapport présentent-ils entre eux? Il est impossible de mettre le signe égal entre la politique et l'art, de même qu'entre une conception générale du monde et les méthodes de la création et de la critique artistiques. Nous nions l'existence non seulement d'un critère politique abstrait et immuable, mais aussi d'un critère artistique abstrait et immuable; chaque classe, dans chaque société de classes, possède son critère propre, aussi bien politique qu'artistique. Néanmoins, n'importe quelle classe, dans n'importe quelle société de classes, met le critère politique à la première place et le critère artistique à la seconde. ... Quant à nous, nous exigeons l'unité de la politique et de l'art, l'unité du contenu et de la forme, l'unité d'un contenu politique révolutionnaire et d'une forme artistique aussi parfaite que possible. Les œuvres qui manquent de valeur artistique, quelque avancées qu'elles soient au point de vue politique, restent inefficaces. C'est pourquoi nous sommes à la fois contre les œuvres d'art exprimant des vues politiques erronées et contre la tendance à produire des œuvres au « style de slogan et d'affiche », où les vues politiques sont justes, mais qui manquent de force d'expression artistique. Nous devons, en littérature et en art, mener la lutte sur deux fronts.

> « Interventions aux causeries sur la littérature et l'art à Yenan » (Mai 1942), *Œuvres choisies de Mao Tsé-toung*, tome III.

La politique : « Que cent fleurs s'épanouissent, que cent écoles rivalisent » vise à stimuler le développement de l'art et le progrès de la science, ainsi que l'épanouissement de la culture socialiste dans notre pays. Dans les arts, formes différentes et styles différents peuvent se développer librement, dans les sciences, les écoles différentes s'affronter librement. Il serait, à notre avis, préjudiciable au développement de l'art et de la science de recourir aux mesures administratives pour imposer tel style ou telle école et interdire tel autre style ou telle autre école. Le vrai et le faux en art et en science est une question qui doit être résolue par la libre discussion dans les milieux artistiques et scientifiques, par la pratique de l'art et de la science et non par des méthodes simplistes.

> « De la juste solution des contradictions au sein du peuple » (27 février 1957).

Une armée sans culture est une armée ignorante, et une armée ignorante ne peut vaincre l'ennemi.

> « Le Front uni dans le travail culturel » . (30 octobre 1944), *Œuvres choisies de Mao Tsé-toung*, tome III.

CHAPITRE XXXIII

L'étude

La transformation d'une Chine agricole arriérée en un pays industriel avancé exige de nous un travail des plus ardus, alors que nos expériences sont encore loin d'être suffisantes. Il nous faut donc savoir apprendre.

> « Allocution d'ouverture au VIIIᵉ Congrès du Parti communiste chinois » (15 septembre 1956).

Les circonstances sont en perpétuel changement et, pour que nos idées s'adaptent aux conditions nouvelles, il nous faut apprendre. Même ceux qui connaissent assez bien le marxisme, et dont la position prolétarienne est relativement ferme, doivent continuer d'apprendre, d'assimiler ce qui est nouveau et d'étudier de nouveaux problèmes.

> « Intervention à la Conférence nationale du Parti communiste chinois sur le Travail de Propagande » (12 mars 1957).

Nous réussirons à apprendre tout ce que nous ne connaissions pas auparavant. Nous ne sommes pas seulement bons à détruire le monde ancien, nous sommes également bons à construire un monde nouveau.

> « Rapport à la deuxième session plénière du Comité central issu du VIIᵉ Congrès du Parti communiste chinois » (5 mars 1949), *Œuvres choisies de Mao Tsé-toung*, tome IV.

Il y a deux manières d'apprendre. L'une, dogmatique, consiste à emprunter tout, que cela convienne ou non aux conditions de notre pays. Cette manière-là n'est pas la bonne. L'autre consiste à faire travailler nos cerveaux et à apprendre ce qui correspond aux conditions de notre pays, c'est-à-dire à assimiler l'expérience qui peut nous être utile. C'est celle-là que nous devons adopter.

> « De la juste solution des contradictions au sein du peuple » (27 février 1957).

La théorie de Marx, Engels, Lénine et Staline a une valeur universelle. Il ne faut pas la considérer comme un dogme, mais comme un guide pour l'action. Il ne faut pas se contenter d'apprendre les termes et les expressions marxistes-léninistes, mais étudier le marxisme-léninisme en tant que science de la révolution. Il ne faut pas seulement comprendre les lois générales, établies par Marx, Engels, Lénine et Staline en se fondant sur leur vaste étude de la vie réelle et de l'expérience de la révolution, il faut aussi étudier la position et la méthode qu'ils adoptent pour examiner et résoudre les problèmes.

> « Le Rôle du Parti communiste chinois dans la guerre nationale » (Octobre 1938), *Œuvres choisies de Mao Tsé-toung*, tome II.

Si, étant arrivé à une théorie juste, on se contente d'en faire un sujet de conversation, pour la laisser ensuite de côté sans la mettre en pratique, cette théorie, si belle qu'elle puisse être, est dépourvue de toute signification.

> « De la pratique » (Juillet 1937), *Œuvres choisies de Mao Tsé-toung*, tome I.

Il faut s'assimiler la théorie marxiste et savoir l'appliquer; il faut se l'assimiler dans le seul but de l'appliquer. Si vous parvenez, du point de vue marxiste-léniniste, à expliquer une ou deux questions pratiques, vous mériterez des compliments, on pourra dire que vous aurez obtenu quelques succès. Plus vous expliquerez de questions, plus vos explications seront complètes et profondes, et plus vos succès seront considérables.

> « Pour un style correct de travail dans le Parti » (1er février 1942), *Œuvres choisies de Mao Tsé-toung*, tome III.

Comment lier l'une à l'autre la théorie marxiste-léniniste et la réalité de la révolution chinoise ? Il faut, pour employer une expression courante, « décocher sa flèche en visant la cible ». Le marxisme-léninisme est à la révolution chinoise ce que la flèche est à la cible. Or, certains de nos camarades « décochent leur flèche sans viser la cible », ils tirent au hasard. De tels camarades risquent de faire échouer la révolution.

> « Pour un style correct de travail dans le Parti (1er février 1942), *Œuvres choisies de Mao Tsé-toung*, tome III.

Ceux qui ont l'expérience du travail doivent se consacrer à l'étude théorique et travailler sérieusement sur les livres : c'est alors seulement qu'ils pourront systématiser leur expérience, la synthétiser et l'élever au niveau de la théorie ; ils éviteront ainsi de prendre leur expérience limitée pour une vérité générale, et de commettre des erreurs d'ordre empirique.

> « Pour un style correct de travail dans le Parti » (1er février 1942), *Œuvres choisies de Mao Tsé-toung*, tome III.

Etudier dans les livres, c'est une façon d'apprendre ; appliquer ce qu'on a appris, c'en est une autre, plus importante encore. Notre méthode principale, c'est d'apprendre à faire la guerre en la faisant. Ceux qui n'ont pas la possibilité d'entrer dans une école peuvent également apprendre à faire la guerre, et cela en combattant. La guerre révolutionnaire est l'affaire du peuple ; dans cette guerre, le plus souvent, on ne se bat pas seulement après avoir appris à combattre, on commence par combattre et ensuite on apprend; car combattre, c'est apprendre.

> « Problèmes stratégiques de la guerre révolutionnaire en Chine » (Décembre 1936), *Œuvres choisies de Mao Tsé-toung*, tome I.

Entre le civil et le militaire, il existe une certaine distance, mais il n'y a pas entre eux de Grande Muraille, et cette distance peut être rapidement franchie. Faire la révolution, faire la guerre, voilà le moyen qui permet de la franchir. Lorsque nous disons qu'il n'est pas facile d'apprendre et d'appliquer ce qu'on a appris, nous entendons par là qu'il n'est pas facile d'étudier quelque chose à fond et de l'appliquer avec une science consommée. Lorsque nous disons que le civil peut rapidement se transformer en militaire, nous voulons dire qu'il n'est pas du tout difficile de s'initier à l'art militaire. Pour résumer ces deux affirmations, il convient de se rappeler le vieux proverbe chinois : « Il n'est rien de difficile au monde à qui veut s'appliquer à bien faire. » S'initier à l'art militaire n'est pas difficile et se perfectionner est aussi possible pour peu qu'on s'applique et qu'on sache apprendre.

> « Problèmes stratégiques de la guerre révolutionnaire en Chine » (Décembre 1936), *Œuvres choisies de Mao Tsé-toung*, tome I.

Nous devons apprendre de tous ceux qui s'y connaissent (quels qu'ils soient) à travailler dans le domaine économique. Nous devons en faire nos maîtres, apprendre auprès d'eux humblement, consciencieusement. Quand on ne sait pas, on avoue son ignorance; il ne faut pas faire l'entendu.

> « De la dictature démocratique populaire » (30 juin 1949), *Œuvres choisies de Mao Tsé-toung*, tome IV.

Les connaissances, c'est la science, et la science ne saurait admettre la moindre hypocrisie, la moindre présomption; ce qu'elle exige, c'est assurément le contraire : l'honnêteté et la modestie.

> « De la pratique » (Juillet 1937), *Œuvres choisies de Mao Tsé-toung*, tome I.

Notre ennemi dans l'étude, c'est la suffisance; quiconque veut réellement apprendre doit commencer par s'en débarrasser. « S'instruire sans jamais s'estimer satisfait » et « enseigner sans jamais se lasser », telle doit être notre attitude.

> « Le Rôle du Parti communiste chinois dans la guerre nationale » (Octobre 1938), *Œuvres choisies de Mao Tsé-toung*, tome II.

Certains se croient bien savants pour avoir lu quelques livres marxistes, mais leurs lectures ne pénètrent pas, ne prennent pas racine dans leur esprit; ils ne savent pas en faire usage et leurs sentiments de classe restent inchangés. D'autres sont pleins de morgue; si peu qu'ils aient lu, ils se croient quelqu'un, se gonflent d'orgueil. Mais dès que souffle la tempête, leur position se révèle fort différente de celle des ouvriers et de la plupart des paysans travailleurs : elle est vacillante alors que celle-ci est ferme, elle est équivoque alors que celle-ci est claire et nette.

> « Intervention à la Conférence nationale du Parti communiste chinois sur le Travail de Propagande » (12 mars 1957).

Pour apprendre le marxisme, il ne suffit pas de l'étudier dans les livres; c'est surtout par la lutte des classes, le travail pratique et les contacts avec les masses ouvrières et paysannes qu'on arrive à le faire sien réellement. Si, après avoir lu des ouvrages marxistes, nos intellectuels acquièrent encore quelque compréhension du marxisme au contact des masses ouvrières et paysannes et dans leur travail pratique, nous parlerons tous le même langage, non

seulement le langage du patriotisme et du socialisme, mais proba-
blement aussi le langage de la conception communiste du monde, et
notre travail à nous tous en sera sûrement beaucoup mieux fait.

« Intervention à la Conférence nationale du
Parti communiste chinois sur le Travail de
Propagande » (12 mars 1957).

TABLE

IMP. BUSSIÈRE SAINT-AMAND (CHER
D. L. 1er TR. 1967. No 1945